意識大同

大同

—— 湯豐瑜　著 ——

目錄

第二篇　社會

前　言

　　這本書的價值是：可以幫助每個人更加瞭解自己，瞭解外界環境為何變化、朝什麼方向變化，瞭解如何在變化的環境中謀求自己所適合的位置與資源、如何擁有應得的利益和圓滿的感情，從而過上穩定的幸福生活；也可以幫助人們理解世界上絕大多數人做事的動機，理解商業模式、市場結構、文化。

　　人類的動機都是從先天的人性與後天的認知中產生的，可以說有人的地方就有人性在發揮作用，就有認知在指導行為。一切與人相關的事的發生，也是人性與人的認知在背後推動的，無一例外。那麼，讓我們儘可能直面所有人性與認知的影響，因為我們不直面它，就只能被它悄悄改變，而為了擺脫外界的蒙蔽和自身的蒙昧所帶來的損失和痛苦，就需要瞭解這些。

　　無論是世界規律還是人性，都被因果規律串聯，任何內在看來是意念或動機、外在看來是行為的一切，都可以稱為「因」，也都有對應它的「果」。惡的意念未推動行為時則還不能成為「因」，但可以成為未來「因」的種子，如果不制止的話。這是由於，每一個向外發出的因都在干擾現狀，從而產生新的現狀，對於反思與研究來說，該「新的現狀」可以是果，也可以是產生後續事件的因。當今社會的加速聯繫使我們彼此處在一個越來越

「小」的空間中，因此，果又會加速作用於這個因的製造者，即行為的主體與世界，世界上的事就是由無數牽連與延續的因果鏈條組成的。我們解決了一個問題，卻經常忽略它背後的無數因果。有了新的因，就會造成新的局面，產生社會矛盾的因子越多，社會矛盾現象就越多，浮現的問題也就越多。同時，背後還夾雜著看不見的問題，使整個社會總是處於波動狀態而無法平衡。而目前的社會在各個方面未達到平衡，多方面的不平衡都會自然地朝著平衡方向發展，也就是朝著解決矛盾的方向發展。這或許又會帶來新的衝突，從而給每個人帶來影響，很難說這個過程中的哪些事會衝撞到誰的生活中去。當人類社會包含的多種複雜因子都歸於「正確的位置」時，這個現狀才可能達到平衡，或一段時間內達到近似平衡，這裡穩定的平衡就是美好社會狀態。達到平衡需要多久呢？這就要看造成矛盾的因子是否發現完全、是否檢驗完畢、是否完全可控。而衡量穩定的標準是人為創建的，因此要根據情況和前提再下結論。

本書旨在揭示生活中的因果規律，無論它看似距離當下人們的生活有多遠，無論當下人們的認知與喜好是什麼，人們都需要瞭解這些規律，尤其是那些隱秘的影響與潛藏的原因，這會輔助人們更好地進行利益計算，做出於己於人均為最佳的決定。

如果每個人都理解了全書，那麼我相信，我們彼此之間一定會形成新的文化，這一新的文化有助於我們聯手清除生活的煩惱、擺脫惡的圈套、為自己純潔的心靈做好防護、認清我們向社

會做出的善與惡的事又是如何將對等的影響返給自身。搞清楚了這些，我們便會更加負責地對待自己與他人，從而推動穩定而美好的社會實現，由此，每個人最終會獲得穩定的人生幸福感與成就感。人生最大的利益，也就是幸福感，與自身純潔的心靈、追求美好的信念密切相關，後文也會對此進行深入探討；而人的價值，會被人以更合理的方式更大程度地發揮出來。

本書暢想與推導未來美好的生活方式；分析了前人無法實現「大同社會」的原因，即認知的局限；分析了資本主義、社會主義如何向共產主義跨越並做出推測：現在就是實現大同的最佳時代。因而無論我們在哪個國家地區，擁有何種身份信仰，所處什麼年齡階段，都與此息息相關，哪怕我們只是想過好自己的生活，追求自己生活的美好幸福，並不想做什麼多餘的事，我們也是在推動世界大同的實現。因為，每個人在為獲得幸福努力的同時，就會自然而然為全體人類的幸福做出貢獻。這方面是規律本身在發揮作用，而這些規律就會產生相互對應的因果關係，我們發現並大範圍認可這些因果關係時，就會把它們稱作特定的知識、規律，而它們還沒有被發現或認可時，有人便稱其為玄學、神話、妄想，好聽的話，有人稱其為科幻、猜想。本書會探討這些因果關係，如果它確實在生活中生效，那麼我們可以應用它，先不用考慮跟自身不相關的事。

本書運用第一人稱的意識流創作手法，力求內容的展開遵循自然連貫的思維邏輯、討論的內容符合大眾的心理訴求。因而在

內容上選取人們日常思考的共同問題，再現其思維過程，推動讀者的思維變得清晰、簡練、流暢，並使思維朝著可行、豁達的方向發展。日常生活就是運用這樣的來自主觀、下意識、經驗中的思維方式和心理作為我們每個人的行為動機並指導行為，再貫穿到行為結束。日常運用的思維方式如何調和「直覺主義」與「理性主義」，使自己的想法更有現實意義呢？無論這兩個主義的支持者都有誰，他們自己的思維都脫離不了同時使用這兩種思維方式的現實。思維方式這種加工信息的方式方法，我們天生就會，只是思維能力、認知程度不一。思維本身不是局限、狹隘的東西，有人的地方，它都在，且它有邏輯性，是可發展的。因而想要整體把握它，不能僅限於關注局部的事物發展來以小見大，這種不局限在某一人群、地域、話題的意識流表達具有挑戰；具有思維的人，也需要運用思維能力打破被局限而無法突破的困境。

本書所有的理念全部來源於規律本身，所進行的全新挑戰也終究會有人這麼做，這是時代發展的需要。本書在表達上，追求以底層邏輯為核心和出發點，再現生活、深入淺出、直達本質，挖掘並梳理隱秘的潛意識部分，使之明朗、清晰、簡單、可用。同時，本書在內容上，力求打破知識爆炸的當下，人群遭遇共同難題、渴望解決時，仍舊陷入眾說紛紜、不分高下、無從參考的困局。本書無論是寫作手法還是內容，都致力於讓每一位讀者更好地閱讀、思辨、理解與吸收。

第一篇

自 我

引 言 ————————————————

　　是從什麼時候開始有了感覺？這個神奇的、以前從未體驗的、現在看來卻是人人都具有的感受。感覺到來的那一刻，可以說就是意識真正到來的時刻，意識因為能被感受和檢驗而具有存在的意義。意識就是自我的開端，意識與自我的距離被前人劃分為意識、潛意識、前意識、個人無意識、集體無意識，這些意識都在或明顯或隱秘或主動或被動地影響著每一個人。

　　我到現在都記得，那一刻我看到了一張親切的笑臉。

　　本篇關注「自我」。從自我完善的自然機制、自我的人性組成、自我良好精神感受的關鍵因素這三大方面展開，將潛意識轉化為意識，並在有效運用、反饋之後用意識調節自我，來更好地認識、引領自我，以達到生命該有的生活狀態，即獲得基本保障且處於愉悅幸福的狀態。

　　人降臨世界之後的處境，都是在不斷發生變化的，人便需要不斷面對考驗。就算一個人的發展趨於穩定，他遇到的考驗、抉擇也是永不間斷的。隨著時間的流逝，一個人良性發展的變化軌跡就是成長，對於有所收獲、克服自身弱點、駛向光明的人群來說，可以說他成長了。除此之外，有些人會「成長」得堪憂，而這種不良的發展不屬成長，它也是符合因果規律的，只是一部分人捉摸不透罷了，這種不良發展往往開始於放棄成長。

　　成長既是一種可以隨時發生變化的因果軌跡，也是一種通過把握規律從而使自我獲利的過程，綜合看來，成長是一種自我完善的機制。因而，對於自我來說，理解與學會成長是首要課題，第一章（成長）會攻克這一課題。隨後我們需要確定成長應去的彼岸——成長向何處發展可以使自我的身心獲益。精神的調節是每個人可以隨時做的，那麼在探討成長之後，會接著討論怎樣的精神調節可以使身心獲益，以及如何理解該方法論，見第二、三章（愛、追求真理）。若想生活質量更高、自我全面發展，那麼人便需要與除自身以外的其他人協作、共享。雖然現今，並不是所有的「他人」都是美好的，但這條大道是始終存在的。為了小部分不美好的人就捨棄大道，是不明智且對自身有害的。在無法逃避社會隨機出現的不美好的人的當下，更需要瞭解人性問題。瞭解的作用，一來可以有效把握人性從而改善處境，二來可以解決疑惑使自身豁達，三來可以包容他人使自身平和。所以緊接著會探討人類的人性組成，見第四章（人性）。把握人性的同時，我們需要充分發揮能動性，積極推動自我完善的自然機制，從而使身心獲益。第一章（成長）簡單介紹了該機制，第二、三章（愛、追求真理）介紹了身心獲益中心靈獲益的部分，第四章（人性）討論如何與人和諧共處，接下來會深入分析如何推動自我完善機制的加速發展，以及身心獲益方面需要關注的其他部分，也就是第五到第八章（療癒、自我價值、身體健康、能動性）的內容。

第一章
成　長

自我的成長是一定存在的嗎？

孩子才可以談成長，成年人就不需要了嗎？

成長的軌跡是否如玄學般捉摸不透，沒有衡量標準？

成長就是不實用的概念嗎？

這些疑問在很多人的心裡已盤旋許久，或許早已得出消極的結論而被忽略了。

瞭解成長對每個人來說實際是必要的。因為在追求幸福的路上，所有人都在賽跑並給自己交出答卷。如果不能正視這個人生過程，那麼我們就無法完善、享受這個過程，對自己的人生來說，實際是在最初就放棄了對很多美好事物的追求。而那時，我們對未來將要發生什麼都還沒有概念。

當我們直面自我的成長、不再消極對待時，自我又是如何有意識地成長，以及如何把潛意識促成的成長軌跡清晰化呢？

那麼我們需要建立這樣一個認知：我們的每一個行為都在影響著自我的成長，想要瞭解我們自己的行為如何影響著成長、我們如何調節自身的問題，我們便需要關注自我、自我的行為。

關注自我，那麼，我是誰？我瞭解自己嗎？很少有人可以說出確定的答案，只是在賦予「我」意義，雖然未知的我，全世界也只有我最瞭解，瞭解的程度普遍也是較低的。對於我們來說，大多數人也僅僅是自我的使用者。

我們應該跳過索要難以獲知的答案這一步，來到使用的階段。與其關注「我是誰」，不如關注如何發揮更好的自我價值，即「成為我」。

而發揮自我價值離不開自己的行為，自我初始的多種行為可以說是天生的，不需要學習，因為是自然而然的行為。那我們自然行為的機制又是怎麼來的呢？它就是我們做事的原始推動力，來自於身體的訴求和心理的衝動，我們如今粗略地稱其為「欲望」，在欲望的推動下，我們不用刻意地做出任何事，順著天性做事就能滿足它。

但是世界並非只有一個我構成，我們做出的任何事除滿足自己的欲望以外，還會作用於整個環境，環境改變之後，我們自己又會受到環境的影響，即來自於他人的影響，或來自於自然環境、社會文化的影響。為了避免這些方面給自身帶來的不利影響，我們學會了謹慎反思之後再行動。

這種理性干預的意識，需要我們跨越最早期欲望推動的完全自然行為的階段才會形成，有人形成得快，有人形成得慢。作為

後天人類「思想成熟」階段中的做事推動力，它區別於欲望的原始推動力，主要負責規避自身風險、辨析與選擇更高效的行為方式，從而使自身獲益。這種思維成熟下的有意識參與的行為機制，可以說也是自然發展出的結果，它不違背人類「利己」的天性，宏觀來看，這類行為同樣是自然而然的。因而這種有意識的反思、處理周遭信息的行為，就是自我完善的自然機制。

如果說，「反思」這種需要付出時間、精力、腦力的分析行為，多數人不經常做的話，接收、處理周遭信息卻是貫穿於我們每個人每天的生活。我們不費吹灰之力地處理信息，當然，獲得的啟示也會因為不夠深刻而發揮不了太大的作用。但是那些出自他人的有價值的研究成果，可以被我們吸收，無形之中會促使我們進步，也就是自我人生的成長。這種成長是幾乎每個人都會經歷的，古話「薑還是老的辣」，就是在描述成長會使人成熟、睿智。但我們不應被「年齡的老」這裡唯一的標準帶偏，如果一個人成長速度夠快，他不僅在青年時期吸收了更多的思想與知識，而且會時常反思，這會使他的思維能力一早便得到了提升，從而讓剩下的人生都享受思考的紅利，那麼他的思想會比同齡人更加成熟與睿智，從而他會達到利己又利人的自然狀態。

成長如上所述是一種自我完善的自然機制。人自然的成長需求，是追逐光明、幸福、正義、明智、開闊的狀態，相對應的這些需求也會自然把我們導向對真理的追逐。只要自己不阻撓自己

追逐光明並抵擋得住邪惡的誘惑，在每一次的選擇中棄暗投明、堅持光明，我們就會增強自我完善的動力，從而收穫更多真理，最終加速到達成長目的地，且處於幸福的彼岸不動搖。

第一節
抑鬱促進覺醒

人們從利益出發，確定了成長的方向，但成長的道路充滿艱難險阻。人生很少一帆風順，有時，我們追求幸福卻難免事與願違，甚至遭受到不該有的痛苦與傷害，這其實是我們在為人性中的不美好買單。我們隨機遇到的人，他隨機為我們帶來的傷害，正是人們習慣中的不美好行為造成的。在接連的不公平待遇下，我抑鬱了，他抑鬱了，我們都抑鬱了。我們被捲入傷痛的漩渦而無力改變，也根本看不清這一切因果是如何發生的。在這樣的無力中，我們嘗試釋放壓力，以及證明、尋找、增強自己的力量。一部分人迷失了；一部分人甚至變得扭曲，以危害他人的方式獲得快感來填補傷痛與空虛；還有少部分人獲得了力量，於是，他們走出了漩渦。但覺醒的人都來自一個地方，就是抑鬱。這何嘗不是一種考驗呢？真正強大的人會不動聲色地找到出路。生活的波瀾未能將他們吞沒，反而讓他們變得強大，甚至有效防範了波瀾的發生，這是多麼有力的回擊！

抑鬱正是自我覺醒的開端，它是人們跌落傷痛並淪陷許久

後，企圖找到和解、找到平衡、找到方向從而獲取力量的第一步。沒有這一步，我們就會被他人和環境左右。我們要麼在自己漫無邊際的思想亂流中遊蕩，要麼在各種傷害中消沉、麻木或扭曲。

有人說兒童是無憂無慮的，其實不然。兒童有自帶的不美好行為，於是，他們在互相傷害中成長。若所有成人都向光明、明智、大愛的方向發展，那麼，實際會比孩子還童真、豁達與幸福。因為孩子除自帶不美好行為無法及時矯正以外，存在更多的疑問來不及證實和消解，還存在不良行為無法被自我克制，這些都會成為獲得幸福的障礙，從而使處於成長初始階段的兒童飽嘗痛苦與疑難。

我們都渴望救贖，這個救贖實際是找到自我的力量。因自身的弱小，世界上每時每刻發生的無數事件中，很多都對個人的力量產生衝撞，人們學會了組成團體、聯盟來守護和擴大自身的力量並獲取更多利益。就算如此，這些大大小小的事件還是很容易讓我們隨時陷入對自我力量的懷疑、失望甚至絕望中。獲取救贖也就成為了將增強個人力量融入人類血脈、世世代代相傳的渴求。個人力量的強大也就是社會容忍下的足夠自由，成為了每一個鮮活的人奮力追求的目標。

可事實是，我們只需要找到自我的力量即可。無論外在如何干擾自身，我們只要專注於自我力量的開發與堅固，那麼再沒有任何外力能夠迫使我們做無用、無效或效率低下、南轅北轍的事。

從而因專注做該做的事而增強自己的力量，最終完成自我救贖的目標，這時我們強大到不再尋求救贖，自我不再弱小與迷茫。

但療癒抑鬱對我們的思辨能力有一定要求，這就需要我們不僅關注自我，還要關注外界。除此之外，還需要有不服輸與不妥協的魄力，即追逐光明的堅定信念與勇氣。做到這些，任何艱難險阻、陰謀詭計都不能使自己妥協與消沉。

這裡辨析一點，自我要求是否等於不自由？不是的。自由實際的意思是在自己由衷的意願驅使下的一切行為。理解這一點，那麼自我要求是自己由衷驅動的，我們親身經歷的自我要求，無論是否達到，自己都是自由的。

第二節
認知增長與物質增長

我們在找尋自我力量的時候，就可以談認知增長了。除此之外的狀態，雖然我們也在懵懂追求著認知的提高，但因為沒有認清前因後果的真相與提升認知的目的，我們便只是在隨意解決人生隨機產生的小疑惑，以及調整特定情況下的思維方法，這些都是很難在下一個不同問題發生時再次發揮作用的。那麼，我們也就在這種徒勞無功或事倍功半的行為下認為靠認知解決問題是無用的，於是，很多人便放棄了提升認知。

隨之而來，多數人會選擇重視物質增長，無論物質增長的快慢多少。由於物質是肉眼可見、立竿見影、便於衡量、感受直接、代表主流價值觀的，致使全人類把它奉上神壇，作為一個時代中一切進步事物的象徵。無論這個事物是何種最終形態，仿佛物質增長有無限的力量來代表人類行為的成效、成功，它的意義與重要性也早已根植於家庭教育、學校教育、社會文化之中。

在想方設法選擇、創造象徵性事物作為「成功」的風向標，從而奪取更多物質的社會，越是簡單粗暴的事物越是受人青睞。由此造成的是忽略、輕視物質以外的精神文明，以及一味重視物質增長引發的一系列失衡的後果。總結一下，這便是重視物質增長的思維邏輯所帶來的問題：人的粗暴、極端、狹隘。

在這樣的認知下，我們自然地全力追求物質，而淡化、弱化甚至放棄追求真理——一種對本質的求索。而對本質的求索可以使人認清各種事物的前因後果與破除問題，這便是真理的力量。可是如今，我們追求認知提升成為了以物質增長為前提的被迫行為，就算想要使自己的認知增長，也是一頭霧水、阻力重重、無從參考。

實際上，我們都犯了一個孤立、靜止與片面的錯誤：沒有看到二者的聯繫，即認知增長是物質增長的前提，因為認知的缺失，我們無法意識到瘋狂追逐有限物質的行為其實限制了物質的高質量增長與精神需求的滿足。而對物質增長究竟來源於哪裡的理解

更為關鍵,是習慣性照搬他人?還是自己探索求證?來自他人的認知只能作用於一時或某個特定情境、事物,而無法完全融入自我認知,也就難以使價值持續增長。

為了有效創造價值,合理的成長順序應該是在實踐的基礎上,以認知增長為先為重,進而以增長的認知指導物質的有效增長。我們應意識到物質增長是現實層面中認知指導實踐所產生的結果,起著檢驗認知的作用,一定可以反映某些認知是否有效。但我們不能一味關注認知增長,這會讓我們陷入對一切事物思辨的無底洞,導致一事無成,也就是在現實中忽略價值和利益的產出,那麼人的價值發揮與人的生存便會受到影響;也不能一味關注物質增長,只關注物質增長會進而引發其他社會問題,如:人們普遍急功近利、做事浮躁從而不能徹底解決問題、人們習慣獲取舊有的而非探索新的與潛在的方式方法、社會多個方面原地打轉。但一切的發展逃不開物極必反,不良的社會影響催生著新的解決辦法,給予解決者生機,使其意義擴大。可是,試錯畢竟是歷史長河的悲歡,雖說在一定的時代,試錯是不再墮落、迷失的警示與憑證。

認知增長與物質增長,一個是向內,向自身;一個是向外,向外界。由上文可知,不能一味向內,也不能一味向外。那麼,我們需要在生活中調和這二者。從能夠掌控自我成長的角度看,須以向內的認知為先為重,但也不是一味重視它,把握任何事物都不能絕對,絕對會讓我們陷入無限思辨與偏頗的漩渦中而迷失

方向，進而讓自身充斥無力感、加固慣性、形成盲區、陷入小我而丟失客觀辨析事物的能力。調和二者可以避免極度追求某一方面所引發的人格缺失、心態失衡，最後我們需要認識到獲取「物質」也不過是為了獲取內在的「幸福」。

為什麼以認知為先呢？因為事物發展先後順序遵循因果規律，認知水平可以決定物質獲取的能力與多少。那麼我們應如何打通與提升認知呢？這就需要把握事物的因果關係。事物發展的背後很少只有一組因果，通常是多組因果鏈條在隱秘、錯綜地交織著，並在環境的變化中促成新的因與果，果的定義也並不是狹隘死板的「最終的結果」。因可以產生果，該果又會是下一個結果的因，一整件事告一段落後，這件事的結果又會作為其他事的因。因是什麼？因，便是發揮作用的內在的意念、外在的行為。

理清因果錯綜複雜的關係，可以讓我們從一開始就控制事態的發展，也可以讓我們不再迷失。回到人追求認知增長、物質增長的目標上，認知作為製造物質的初始因，影響著物質增長。認知是意念的形態，但是行為和實物也可以體現它；物質更多是實物的形態。不加思辨與認可地搬運現成觀點是直接獲取成品的行為，物質的世界裡更是遍佈直接搬運的行為，任何單純獲得與積累物質的行為都無法讓自己做到觸類旁通，除非觀點、知識與規律都經過了大腦的思辨、認知的拓寬、親身的應用。認知實際就是認識規律、把握規律、剖析規律的過程，其目標是「理清眾多因果之間錯綜複雜的關係」，直接獲得成品則是往大腦搬一些包

含各種規律的素材。顯而易見，狹義的三維外在物質與認知不在一個層級，認知可以更好地把握物質、獲取物質甚至調節自我，而物質僅僅是現實中的一種「結果」，僅以搬運物質的方式獲得物質與以認知的方式獲得物質相比是低效的，且認知也會分為普遍的與稀缺的、先進的與落後的、適用的與失效的，那麼，追求認知增長對每個人而言都需要用熱情鑽研一番。

可是為什麼有一大批人就算理清了認知與物質的關係，還是一味看重物質增長呢？那是因為他們沒有戰勝自私的弱點，只看到了眼前的得失，不願失去當下那一點利益，而看不見精神的力量。精神的力量往往會推動我們在困頓的狀態中奔向光明，使我們為了光明無悔地付出。

第三節
自我教育

每個人都是從一無所知中長大的，並且永遠處在打通未知的成長路上，無論人生的終點在幾歲。這種成長是環境推動的，我們為了生活得更好或主動或被動地推動自我成長，成長因此對於每個人的每時每刻都是重要的。而打通自己人生未知之路的只有自己，瞭解這條路的也只有自己，外界一切都只是信息、媒介、工具。這時，我們就不難理解，一切學習、教育最終都要輔助於自我吸收，也就是一切教育最終都通向自我教育。

　　狹義的教育多指前人、老師（以下簡稱「教者」）對後輩的教導、傳授行為，目的是將知識、認知、技術、德行、規範輸送與移植於後輩的腦中、心中、身體記憶中。但這一行為背後始終有兩個問題無法解決：一是教者永遠無法瞭解每一個學生的每時每刻、每個細節；二是「輸送」與「移植」的手法不足以讓學生達成發自內心的認可與學習過程中的自然而然、因果貫通，這也是無法解決第一個問題所帶來的問題。因此，只有學生自己，即我們每個人，是最佳的教者。但由於目前「教者」多指已經「身懷知識與技術」的前輩，而我們自己永遠在學習之初是無知的，所以自然的，我們需要自學，具體是指通過自我探索、自我引導、自我開拓、自我加工的行為，達到「教者」的水平。但在簡單、急迫或功利的目標下，可以妥協為直接向前輩學習現成經驗、結論，只是妥協之路上的一些「獲得」由於某些條件的受限，而不能在自我認知、實踐中真正落地，因為，這些「獲得」無法長期留存於我們的大腦中，也就形成不了長久的認知與能力。基於妥協的自我教育並非完全不能形成思維能力。在自我教育的牽引下，自然而然的學習也是可以形成長期的認知能力的，真正自然發展出認知的自我教育，才會在我們的大腦形成長期留存的能力。這種自我教育的煥發和認同便來自於人們對自己負責的態度，擁有這樣一種態度的前提是我們把自己當作最瞭解自己的見證者，也當作在準備充分後可以做出最利於自我發展方案的決策者。只有「自我教育」可以填補當前的「教育」盲區。同樣，只有「發自內心的認同」才可以填補「口號」的弱勢與「簡單粗暴

行事」所帶來的認知缺陷。於是，我們應在心理上認同符合自然的「自我教育」，而那些他人輔導的教育，其目的應是引發學生自然的「自我教育」。

現實世界中一切開花結果都離不開規律。規律形成了無數因果鏈條交織的形態，那麼我們學習、探索的「知識」，其實就是因果鏈條整體及某些因果的現實體現與應用。每個人都逃不開自我教育，學有所成的成是順應因果規律才能達到的。所以，自我教育便是在時刻領會因果規律中發揮主觀能動性來調節學習過程的。

而世界的因果規律並不是分散、凌亂與無法把握的，規律的存在就是連接和惠及世界的，是可以被把握的。因此，自我教育需要關注大自然中的規律，也就是看重「自然教育」。「自然」映射著規律與事物的正常發展節奏，同時，我們要始終明白教育自我的目標是從自然中領悟自然的節奏與因果之間的對應關係。可以說，現在人類社會中所有事態的走向都遵循著自然規律。西方為了瞭解規律發展了各學科探究的學習模式，但都繞不開自然規律這一研究對象。只是自然規律存在於實體中，我們便說研究的是該實體，或該實體的某方面。其實人們研究的是實體背後串聯纏繞的自然的因果規律，而狹義的學科專業在一開始便畫地為牢。總結一下，自我教育的目的和意義是尊重因果規律、獲得發現規律的能力、意識到因果規律存在於一切事物。

　　自然的學習是由個人興趣作為牽引的探索行為，而不是個人
為了追求卓越做出的功利行為。在這個求知的過程中，產生充實
感和滿足感也是有價值的，陶冶情操、掌握新知、滿足個人需求，
這種對自己有利的方式方法當然有積極意義，並非成為世界矚目
的人或利於大眾的人才有意義。因為每個人的生命與感受都是寶
貴的，疊加起來的大眾需求如果可以促使人們重視生命感受，意
義也是巨大的。

　　如此，在自然興趣的牽引下，我們便帶著天然的動力與洞
察力做事。無論是日常思考還是攻堅克難、推陳出新，我們都是
充滿快樂的。且通過這樣的自發行為創造出的價值所帶來的成就
感，要大於被動完成任務所帶來的快感。前一種行為的成就感更
加鼓勵我們自覺自願發揚興趣，直到越來越出色、不費吹灰之力
地完成目標，其進取速度也會遠遠超越被動做事的進取速度。而
越是這樣做，我們的思維會被訓練得越敏捷與強大，這又會使我
們產生更多的興趣，這些更多的興趣會牽引我們持續探索。如此，
我們能夠把握的規律與事物便會更多、獲取快樂和意義的途徑便
會更廣，求知速度便更快、成果便更多。

　　求知之路漫漫，我們依然是在試錯或悲劇中成長的。這個階
段，人們先意識到了紅線的存在，紅線自然是人們從反反復復試
錯的經驗教訓中發現的，甚至是從危險中探知而來的，每一個後
果都會危害所對應的人群。而在認知錯亂致使悲劇重複發生的時

代，錯事、悲劇數不勝數並層出不窮。由於人群的紛繁交錯與時常聚集，不良影響便會波及到幾乎每個人，哪怕只是意識上的衝擊與隨即帶來的情緒波動與擔憂。這樣的境況又恰恰缺乏一個權威的方向供集體驗證，自然地，教育的有效性和上升空間便受盡阻礙。因此，我們更不應在處處受阻的環境中再禁錮自我。我們只要勇於打通教育、自學的壁壘就必然會看到新的風景。這就需要我們重點關注常規之路以外新的方式方法，而「自我教育」的引領有助於找到它們。

在浩瀚的宇宙和知識海洋中，如何單憑個人微弱的力量就能發現全部真相呢？帶著這個問題的人擁有著一顆好奇心。但應認識到，窮盡真理是一項艱巨的事業，我們自己或許完成不了，而且在如今的境遇下，真理不易被把握，我們只能一步步地探知真理，要承認人求知的速度不會太快，一口吃不成胖子。探知真理需要我們花費一番功夫：我們要本著科學嚴謹、審慎求證的態度探尋事物發展規律，同時思辨前人提出的理論體系，使視角、方法盡可能貼近事實，而不是在探索中給問題增加新的不確定因素干擾求知而不自知。因此，提升思維能力是第一步，這會幫助我們少走彎路與發現藏匿的問題；其次要循序漸進地打開局面，善於在大腦中設置「預留區」，「擺放」處理過的所有問題，哪怕一時有解也不應沾沾自喜，因為人類的認知程度就決定了，任何理論、新知都需要被人反復推演才能接近真理。人類畢竟不是規律的創造者，因此，我們需要將問題或結論放在預留區，以便時

刻對其進行新的或進一步的思考，使得每時每刻都有機會處理預留區的信息，這樣我們才能更加有效地處理廣闊的問題。

那麼在求知受限、眾說紛紜、各科理論還在完善、社會學習資源與條件單一的當下，求知如何進行才能一帆風順呢？有兩點有助於自我創造良好的學習條件。學習是獲取因果規律的行為，且世界是由無數因果構成的，每一個事件都有其對應的果。那麼，我們首先應確定重點學習的內容，尋找能夠身臨其境探求因果規律的實踐機會，找對最佳環境且不惜損失短期利益，並適當發揮自我價值換來實踐機會與短期利益。當然，作為初學者，我們需要仔細考察，保持警惕；其次，我們需要重視身邊事物的合理性，探究此類事物的因果，哪怕是從網絡傳來的信息，也是鍛煉因果探知能力的資源，是我們認知增長的契機。平時就養成探究真理的習慣，我們便會發現：獲知真理越多，生活越輕鬆。因為我們可以理解、解釋與有效運用的規律增多了，便不會時刻陷入困頓與庸人自擾的迷局中。

另外有一點我們應當清楚認識到，人類有謀生、追求更好生活的天性，在這樣一種天性的驅使下，我們可以看到，文盲也可以通過自學成才。學習的態度應是發自內心、有興趣、有內驅力的，學習的事物應是有發展空間的、自己有決心駕馭的，如此的學習便是高效的、有實際價值的。一個求知與好奇心重的人，他自然會不斷牽引自我學習各類豐富多彩的知識，這樣的求知之

路是高效的，也是沒有痛苦壓抑的，甚至能使人樂在其中，我們需要儘量使自己處於這樣的學習中，而拒絕被動、無效、痛苦的學習。

最後，我們需要始終認識到：自我教育的終極目的，就是讓自身幸福的時間無限延長。

第四節
擺脫外在欲望的陷阱

長久以來，人類都擁有共同的期望，便是得到幸福，並且永遠處於幸福中。但還沒等到我們實現目標，痛苦便突如其來，且無窮無盡。如果我們僅僅能夠意識到痛苦是如何到來的，痛苦便會驟然減少，更何況我們有辦法消除痛苦，那就是在意識認同的前提下去更正以前錯誤的行為。

很多人看似認同更正錯誤的方法，實質上並非真的認同。也有人認為照此行動會輕鬆許多，但就是深受欲望或周邊能量的干擾而沉淪，哪怕受盡痛苦與憂慮，也不願認同讓自我丟失「利益」的路子、方法。

其實，產生這樣想法的人，是因為太看重眼前的利益，認為已經抓住與快要抓住的利益大過一切，為之付出的成本又過多，已不能再回頭。殊不知，繼續追求眼前利益所帶來的是加倍的成

本和損失，這是一種自我束縛，使自己再無改變的可能，也就使自己永遠淪為痛苦、高壓與憂慮的奴隸。實際上，對於只有一次且臨終一無所有的生命來說，這是得不償失的。為什麼會出現有些人看似認同或是不認同產生痛苦的原因呢？那是因為人們對「利益」的理解有偏差，這又來自於人難以理解自己和其他人追求「利益」時的得與失。

不同的人因為生命狀態、感受、認知、目標不同，自然而然看重、認同的事物也是不一樣的。但這一切都是有可比性的，那就是同一個人處於不同的狀態下，生命狀態、感受、認知、目標不同所帶來的整體的得與失的可比性。由於大環境的人類角色大體分為支配者、被支配者、摻雜二者的集合者，為了進一步瞭解人們的利益得失，下文將舉出具有普遍代表性的支配者與被支配者的例子，並做出詳細說明。

支配他人的人，他背負了支配的任務和責任。支配者的感受是以被支配者、生產資料、競爭者、大環境等要素為先的，因為他工作時離不開這些，甚至需要管理好上述資源，再與其他支配者競爭，其目的是得到更多資源、產出更多持續增加的效益與回報。他的生命狀態和感受在每時每刻都要緊緊圍繞這個目標，認知方向與付出程度也始終需要以此為依據。這時不難發現，他的生命狀態、感受、認知、目標都不由自己完全掌控，從這一層面上講，這個「他」也是被支配者；被他人支配的人，需要在一定時間內完全聽命於支配他的人，他所做的一切都以支配者的想法

為最終目的。雖然他採取的行為可能是自由的，但都要以他人的想法與完成工作目標為最終目的，他的目的是最大程度理解支配者的想法，實現利益最大化的目標。除此之外的生活時間，他需要為工作時間的不自由所產生的缺失感「買單」。因為無論是支配者還是被支配者，由於生命狀態、感受、認知、目標的被動而難以在每時每刻都掌控幸福，那麼，他們都可能會因為突發情況中的不如意而感到痛苦。雖說這二者都在為人類生存和生活得更好而努力，即為各自的利益而努力，但依舊無法阻止痛苦的來襲與消除痛苦。由此我們可以得知，即便是發自內心認同「利益」或付出努力追求「利益」也不能消除痛苦，這與每個人追求幸福生活的最終目標是背道而馳的。但是以上的二者卻時常揣測另一方是自由、幸福的，而認為自己是不幸的。我們不僅不能意識到他人的得與失，也沒有算清自己的得與失。這樣的不自由，歸根結底是因為我們自由地追求眼前利益，根源是我們還不瞭解「痛苦」的原理。

痛苦實際分為三類，除上述不自由的痛苦以外，還有無知引發的痛苦，以及身陷欲望的痛苦。我們因為不清楚不幸福的原因而自我製造、多人製造無數的痛苦，卻不知懸崖勒馬，是因為我們還沒有意識到哪些行為在干擾幸福。於是，我們深受此類無意識行為所製造的痛苦，又因為企圖搞清楚這一切時倍感無力，我們便會放棄求知，以為回避思考才能回避痛苦。實際上，這樣會讓自己更加不清楚各類事物的來龍去脈而長久地陷入痛苦中。這

種無知讓我們根本看不清世界上無數的陷阱，我們便在痛苦的時候無從認知。

　　最後一種痛苦是身陷欲望陷阱的痛苦。難道要讓我們禁欲嗎？提出這一問題是因為我們還沒有搞明白什麼是欲望，什麼是天然的需求。另外，幸福與痛苦都是個人的事，是每個人自己選擇了什麼從而得到的相應感受，與外人的想法、建議無關。陷阱中，有一類較為常見，便是欲望的陷阱。由此，我們需要好好認識一下「欲望」以及「陷阱」。欲望是從「追求體驗感的更多與更強烈」這樣的想法開始的，而這樣的想法更多是被外界刺激出來的，但這種外界的刺激是無窮無盡、隨時隨地的，因此，被欲望侵襲便是隨時隨地都有可能發生的。一些我們的行為看似是主動的，是我們想做的，實際卻是被動的，是被外界刺激出來的。那麼為什麼追求更多更強烈的體驗感是不利於人的呢？因為它讓人在單位時間和人生很長的時間裡，都陷入對無限身外之物的追求中，追求不到就無比痛苦，追到後又感到無聊，於是，人們只能輾轉許久為了找到下一個追求目標。而身外之物是無限的，窮盡無限是痛苦的。得到的有限事物與無限欲望對比時，更顯得十分微弱而認為自己並未得到什麼，從而想要更多，便更容易陷入對無限事物的追逐中，人們便會無窮無盡地消耗自我、使自我永遠不能得到滿足。一個人不能得到滿足時他是痛苦、急躁的。那麼一個人處於這種狀態時，無論他究竟得到過多少，他都會感到像是什麼都沒有得到過一樣的空虛、痛苦與急躁。人們如果一直

處於這樣的消耗狀態中，使體力、精力、良好心態逐漸虧空，自然就無暇處理日常事物。甚至有人不斷追逐欲望且無所不用其極，也就傷害了很多外界的人事物。人在這種狀態下，很難創造價值，卻不斷消耗自我、他人。當然了，每個人都在追求利益，為什麼有的人允許自己的欲望被外界刺激出來呢？允許自己被消耗？那是因為，他的認知和感受中，人生是漫無邊際的，任何「更多更強烈」的刺激於他而言都是體驗上的收獲，這種體驗上的收獲優於在漫長的人生中無所事事，自身也可以借機發揮能動性來獲得「更多與更好」的事物。但他們不清楚陷入其中實際獲得不了幸福，連得到的短暫快感都會轉瞬即逝，卻要花費更多成本去不斷追逐，最後得不償失。而有的人在意識到這些時，已經沉淪在不良習慣中，只有繼續感受著這種無盡的消耗所帶來的痛苦、空虛、急躁。這種讓人一開始以為是利益，最終卻得不償失的事物，便是「欲望的陷阱」。

有人問，對理想的堅持最終卻一場空，那麼追求理想是欲望的陷阱嗎？這個問題本身就是悖論。因為堅持理想的過程中，我們便收獲了各種認知與更高的認知力，這個過程中的我們一直在創造價值、收獲幸福，並不是一場空的結局。若真的是一場空，便能反推「堅持理想」的活動並不是在追求理想，而是在追逐欲望。

陷阱，是不易被我們看清的，我們需要從陷阱的三個特徵來認識它，它的特徵便是迎合人性、讓人沉淪、意義虛無。由上文

講述的「欲望的陷阱」，我們可知：不斷地追逐欲望，帶來的是消耗和痛苦，這一行為不會產生任何有益的價值。有人說：「不對，欲望得到滿足就產生了意義」。這個邏輯有誤，因為這類欲望本身就是刺激出來的「坑」，滿足欲望不過是把「坑」填滿，刺激之前一切如常，滿足之後，一切恢復如常，這個過程實際毫無意義。

進一步認識了欲望的陷阱所產生的危害，我們需要做的是識破這個陷阱、掌控人生，不把自我的感受、認知交給外界去影響，而是可控地追求事物、獲得幸福。我們需要在人生的考驗、歷練中親自做出每一個選擇。相對應的，我們會收獲很多感受、認知，這些感受和認知決定著我們的人生是否可以穩穩地走向幸福。

第五節
活著就有生機

人正是因為感到了不幸福、對於一切的無能為力、永遠都不會得到幸福、存活的每一秒都是損失，才會做出一種「求利」的行為——自殺。做出自殺行為的人，不分老幼貧富，只要人在某一刻感受到了自己將永遠陷入絕望中，就會行動。但這時的人已經喪失了理性思考能力或不願再理性思考，誘因事件像無形的子彈穿透身體，讓人招架不住，那麼人便喪失了反抗的能力與反應力。這時候人的理性來不及被喚起，感性統領大腦。雖然此時，

人基本的思考和感知能力還存在，但會陷入思維的死角，使得思考不能客觀、全面、得當，而容易認為自己會永久陷入眼前的絕望中，便不再能看見其他事物，也不再能看見事物變化的方向，更不會相信自己還能利用生命創造和經歷美好。這種被感性的自我自願放棄的行為不能算作真正的自我放棄，因為這時的「我」是不完整的。

除這種比較極端的情況以外，平常我們都有過這樣的體驗：我們某一時段陷入了某類事件給我們帶來的極端感受中，而受到困擾或為某事亢奮的我們經過一晚、一段時間後，就恢復了理性與平靜。那是因為我們用理性思考越發認知到了自我和某類事件的渺小，那麼某類事件就不值得被我們過度關注。我們在擁抱更多事物的過程中感受到了快樂與幸福，這是一個對抗不幸與偏激的日常方法。在這個方法中我們明白了人事物的渺小與其所處的合理位置，那麼，在事件襲來時，我們便不再輕易地認為當下遇到了難以跨越的坎兒。

當我們放大眼前的事物時，理性被感性壓制的我們不能輕易動用理性思維來全面、長遠地看待問題。有時，就算用長遠的眼光也阻止不了自我慌亂的情緒，這種情緒來自於不自由——不能避開事件與無法輕鬆快速解決問題時的無力感。

由上文可知，認為自己陷入了某種絕望中可能只是我們的一種錯覺。我們不僅過分誇大了事物的重要性，誇大了事物對自我

的影響，還認為自己是不自由的，也就是被動的、無力的，認為
這樣的自己無法改變事態走向與自我感受。

除此之外，我們很多人還擁有一種習慣性的認知誤區，就是
認為已有的不良影響會一直存在，甚至會朝更壞的方向發展。其
實這樣的認知與推測是毫無根據的，我們產生這樣的認知與推測
就是因為處於感性壓倒理性的狀態，我們會忽略、忽視、放棄甚
至鄙視理性思考，而放大感性思考得出的觀點，並且以此觀點定
義人生、定義一切。

我們只有在理性思考時，才能真正做到敢於直面、透徹分析
與徹底處理大大小小的問題，才能打破一些思維的誤區和感性的
錯覺。這時的我們因為可以清晰認知與解決問題而能獲得成就感
與幸福感，一掃過往產生迷茫與不幸的陰霾與障礙。不要小瞧思
維誤區和感性錯覺，人容易對此深信不疑，並且做出害人害己的
行為，如果我們看清了這一切，就具備了預防自殺等過激行為的
能力。

除需要擁有理性的思考、跳出自身的局限以外，我們更應把
目光投向遠方，投向神秘又神奇的宇宙以及它的規律。如果我們
貼近它們，便會和宇宙一樣，寬容看待一切，擁有寬廣的視野和
胸懷，可以看到貫穿於事物發展的規律並包容一切。不以階段性
的得失下結論，不讓自己悲觀氣餒或是自以為是。

　　那麼宇宙的規律究竟是什麼樣的？是生機勃勃、欣欣向榮的。無論宇宙內部發生過多麼慘痛的毀壞，它都朝著更穩定、平衡的方向發展。一切已知的生物，都在追求著井然有序的生活方式，也都在追求著生命光彩的綻放。有時看看自然界的動植物，我們便會得到治癒，這種治癒來自於生命的光彩，更來自於宇宙的廣博與生機。人類社會的歷史是一個可發展的集合體，它因包含了人類這一生物也就更富生機，人類在共同的環境中彼此磨合與合作，逐步探索出了更加平衡的相處模式。

　　人，都有其追逐的利益。人們在認知中，是因為相信利益能夠帶來收獲而去追求利益的，也就能為社會製造各種事物，但是，這些事物並非可以使每個人都得利。人們製造事物的行為有些是天然的，有些是刻意的，這兩種行為中有些是利人利己的，有些是損人利己的，有些是害人害己的，少數是損己利人的。我們每個人就在這種利益交織下，一方面滿足著個人的需求、填補著外界刺激出來的欲望，另一方面製造著或利人利己，或損人利己，或害人害己，或損己利人的事件。

　　但是，人們的認知是有限的，目前人們都比較認同資源有限的觀念，而人數是眾多的，人們的欲望是無限的、多種多樣的，於是，社會便處於各種勢力斡旋企圖奪取利益的零和博弈狀態。在這樣的前提下，勢必會產生損人的事件。人只有使文明進步，以及遵循宇宙平衡的秩序，損人利己和害人害己的事件才會越來

越少，因為宇宙追求的是秩序的平衡，那麼人們在各自最恰當的位置綻放生命光彩才是最優解。

任何干擾因子都會阻礙人類社會向最佳的平衡狀態發展，那麼我們每個人所處的環境就會因為不夠平衡與美好而充滿危機。有時危機更容易降臨到青少年和老年人身上，尤其是生命剛剛開始，缺乏理性思考的青少年更易陷入各種錯覺、誤區和陷阱中。

為什麼有的青少年最終選擇了自殺呢？是由於他們心智不成熟、承受挫折能力較低，一旦遭遇逆境，以為如囚牢般的生活會持續存在，生命未來的每一秒都沒有價值和能動性。這是許多不明原因的家長需要格外警惕的。我們需要告訴孩子人為什麼要活著：是為了綻放自己生命的光彩，和世界一起成長，並體驗世間的一切美好與愛；而自我是潛力無限的，美好與愛是無窮無盡的。

在人類不斷磨合、社會不斷發展的過程中，一切都在順應規律，規律便是讓人們各自得到相應的回饋。回饋也許來得慢了點、少了點，卻終究在無形間矯正了許多人的損人行為，推動了社會達到一定的平衡，而使更多生命能夠綻放出光彩與彼此關愛。損人的事物逐漸被人消解，社會環境就會朝著更加明智與光明的方向發展。

我們也需要關注老年人的生活質量。好的生活質量便是體驗到生命的本真與生機，生命的高級形態便是處於愛中，這時老年

人才不會感到孤獨與絕望，他們的內心會無比溫柔又飽含愛意，愛著自己的同時也會愛著一切，體驗到生命的圓滿。

第六節
反思與批判性思維

雖然幸福一直在向人們招手，但是生活中四處埋藏著痛苦的地雷。這種潛藏的痛苦有的來源於我們的蒙昧傷及他人後，他人反過來施加於我們的傷害；有的來源於他人的蒙昧直接給我們帶來的傷害。而這兩種傷害都會因為每個人搞不清楚問題的來龍去脈而感到更加痛苦。除此之外，人們在各種探索中也會時常經歷挫折而感到迷茫，它成為隱藏的問題一直困擾著人們。在此期間，人們往往將過去成功應用的觀念或邏輯錯誤的觀念當作永久、絕對與通用的真理，進而固執地四處「埋雷」與持續地互相傷害。那麼我們需要警惕自身的此類行為，走出自以為是的誤區。

我們需要解決這些蒙昧，尤其是人們看不見自身局限性的這一蒙昧。我們需要認知到過往的局限性與處理問題的更好方法，以及需要擁有足夠的思考能力來鑒別陷阱、誤區，這可以使我們合理歸因、找到源頭，從而解決問題和避免傷及無辜所造成的悲劇。比如：對以下事物的認知有待進一步提升。我們平常需要宣洩一些情緒，為此，我們選擇各類途徑，但是有些途徑過於偏激，導致自己身體透支或做出暴力行為，從而使自身陷入危險中。這

時，有人發出減少情緒宣洩的聲音，而我們通常會強烈反抗這樣的聲音，因為他們干預了自我調節。我們平日已經夠壓抑了，當失去了這種自我調節的自由時，我們就像被永久剝奪了人身自由一樣。在這樣的事件中，許多宣洩情緒的參與者和提倡減少宣洩的建議者都忽略了造成問題的根本原因——「壓抑的產生」。如果人們壓抑的想法、情緒沒有產生，那麼人們自然不會進一步選擇不健康的宣洩途徑來傷害自己與他人。人們產生壓抑時自然會找尋宣洩的途徑，這時堵住宣洩的出口反倒是不利的，因為有些人通過宣洩確實舒緩了一部分情緒，並且沒有造成多少傷害或者造成的傷害遠遠小於壓抑所帶來的傷害。但是慣性思考的我們通常會責怪某些提建議的人或瘋狂宣洩的人，而忽視了我們自己也需要宣洩的這類自然行為的合理性，以及忽視了產生宣洩、瘋狂背後的「壓抑的產生」這個根本原因。那麼進一步認識了這類問題，我們就需要接納自我，寬容那些認知片面、瘋狂宣洩的人群，然後研究與消解致人壓抑的因子，從源頭上解決問題，從而避免一些不必要的社會衝突。再舉一個例子，一輛正在行駛的公交車，因為急剎車導致其中一位乘客無意踩到了身邊乘客的腳，此時被踩的乘客大聲斥責對方，對方也毫不退讓，兩人爭執不休的聲音越來越大，局面一度失控。在這樣的事件中，人們都聚焦於這二人，卻沒有考慮到背後的原因可能是公交車或其他車的司機操作不當。認清了這些，我們會在下一次遇到類似事件時，首先將目光對準問題源頭，不再過分糾結於表象的矛盾，我們便能走出怨憤、疏導他人、解決問題。

　　由此可見，自大與短視會讓我們在問題中沉淪，謙虛的態度與強大的思考能力十分重要，而思考能力是從自己謙虛反思和思辨中鍛煉起來的。常常反思以及承認反思的意義可以讓我們通過往事觸及規律，摸索規律就需要思辨，而它的成本只是思考和收集一些資料，並不需要親身經歷一切。

　　對於我們來說，用反思的方式提升認知是性價比高的事，產生疑問和收集資料可以通過讀書完成。但僅僅是讀書，沒有提出疑問、思考解決和收集資料這些行為，自我的思考能力便不會得到提升。因為思考能力的提升需要批判性思維來指導、修正我們的觀點，就算真的如機器般把無窮無盡的知識與觀點都吸納進大腦中，不進行思考的加工，它們也不過是零零散散和死板孤立的存在，也形成不了可運用的觀點與方法。

　　為了改善生活，我們必須反思與思辨。我們的思考行為是自然而然發生的，而我們思考的內容也是自然而然形成的，我們通常不會不顧及自己的生活而去思考無法落地的遙遠問題。我們會由於意識到了它們也將會成為自己生活中的問題，才會想要思考遙遠問題以便搞清楚與解決掉它們，還會由於讀到別人的故事深有感觸從而致力於搞清楚來自別人的遙遠問題。除此，我們很難思考距離自身較遠的事物，思考的內容其實就是從自身及周邊產生的。為了鼓勵自己思考，需要從三個方面入手：鼓勵自己在遇到大大小小問題時都去反思問題背後的原因，這是為了能更好地解決或徹底解決問題，還可以鍛煉思維能力從而更好地解決下一

個問題；鼓勵自己多接觸各類事物、各類問題，從而為鍛煉自己的思考能力積累更多材料，也為更好認識與理解更多更複雜的事物做準備；使自己主動反思各種已經接觸到、聽到或看到的事物，有意識鍛煉自己主動發現問題的能力。

總結一下，「反思」是自我糾錯的契機，我們需要抓住各類機會糾錯與訓練思維。若如此，我們很快便會將自身及周邊的問題妥善解決，久而久之，我們便可以思考與解決遙遠的問題。

有人反對這樣的行為，那僅僅是由於他們還處於思考的無意識階段。這個階段，越思考越感到一團迷霧，因為他們剛認識到人類的無知和思考能力的不足，這時，他們往往認為不如照搬現成的方式方法，不然渺小與弱小、被謎團充斥的心會痛苦萬分。但也就是這一時的喜好，導致他們在反思這條路上無法前行，也就導致解決複雜問題的能力越來越弱，使得生活中的困惑無從解決，於是，他們會漸漸縮減對外的接觸面，生活範圍就會變得狹小，痛苦與憂慮會與日俱增，生命的滿足感與幸福感會日漸匱乏。

他們因為一時的消極和回避，認為前方是萬丈懸崖，不敢再向前邁出一步。其實，邁出這一步，一切就不一樣了，他們不知道邁出這一步就會得到意想不到的回饋。隨著領悟加深、反饋增多，他們對於人生的掌控力會越強，調控自我的心情和心理時會越快見效，因為調控的依據是運用現實的規律，並不是毫無根據地自我欺騙。

長期反思的人會發現自身、社會生活、世界各地存在著無數的改進空間，他們會逐步解決自身、周邊與遙遠的問題，逐步提高解決問題的能力。為什麼解決遙遠的問題可以提升解決問題的能力呢？因為只要研究清楚某些事物的規律，某種因果得到任何一個人的實證就能被人認知與應用，只有一點遺憾便是未親身經歷的研究者無法對事物有一個全方位的瞭解，便需要不斷探究更好的求知方法。

反思活動中的「批判性思維」可幫助我們提高思維能力，它並不是表面上的文字意思，不是一味否定，也不是不懂的都慣性否定，而是帶著事物可能被批判的眼光審視問題，不順從有色眼鏡、先入為主的觀念、主流觀念、權威觀念、一家之言、經驗，在自我的頭腦中重新、全面、客觀地思索。有一些人認為批判性思維就是批判一切，由此，他們就會為不用再懷疑的小事耗費精力，這種理解是不可取的，這種偏激思維會作用於他自身，使其時常處於否定一切的狀態中。這部分人會假設一切都是該批判的，他們無法推翻、批判受阻時也會被自己消極的心理和偏激的情緒左右，使生活變得不幸。那麼我們需要避免這樣的誤區，不應認為一切都該被批判，需要客觀審慎地批判，多思辨。

我們做這一切，是為了孤身獨行於天地時能夠擁有思想的利器。不經大腦的事物充斥著迷霧，一不小心我們就會被它迷惑。思考的事物多了，我們便會自然地理解：世界上的事物是由千絲萬縷因果鏈條交織纏繞組成的，甚至有些深處的鏈條我們還未發

現，我們瞭解一個複雜事物，需要準確把握其因果的原生鏈條。因此，我們思考的目的，表面上看起來是歸因，實際是尋找和把握底層邏輯，最終是連接與應用自然規律。當然，這一切最終的目的是讓自己與他人擺脫問題、悲劇，過上自然、愜意、幸福的生活。

第七節
進入良性循環

當思維能力還停留在某一個階段時，我們的內在想法與外在表現、內在傾向與外在措施便處於被割裂的狀態，理解了這些不同與割裂，認知依然是有所欠缺的。從古至今，人就是在這種內在與外在隨時被割裂的境遇中探求自由、利益的最大化。對於利益的理解與獲取，很多人都把重心放在了外界的有形物質上，因為它們容易被理解、界定，有形物質的作用就像鎮痛劑一般。世世代代的人始終都不會因為在地球上獲得過足夠多的有形物質與利益而感到永久與真正的滿足，鎮痛劑無法從根本上讓人們實現利益最大化與自由，滿足不了這兩個根本訴求，我們也就處於內在與外在隨時被割裂的境遇中。

如何實現利益最大化與自由這兩個根本訴求呢？這需要在無外力干擾的環境和清晰的頭腦中實現，不然得到再多外在物質都始終無法讓我們滿足長久以來人類的訴求。

　　為什麼是無外力干擾的環境和清晰的頭腦呢？因為任何外力的干擾都會讓我們偏離自然而然的道路。外界的一個訴求、要求、期盼，就能影響我們的內在動機，使得我們以外界為重，我們就無法自然追求自我期盼的事物，也無法按照自然的節奏做事。因為我們需要考慮那些闖入的聲音，有時這些聲音是必須考慮的，因為一些是必須聽從的指令要求，一些是必須履行的義務，一些是必須承擔的責任，還有一些則是大腦預判的應對未來危機必須做的準備，這些「必須」讓我們不再自由，由此產生了各類的「割裂行為」。長此以往，尤其是處於不受控制、割裂程度較大、持續時間較久的狀態中的我們，就難以輕易改變我們的人生了。割裂得越久、越深，我們對自己的認知能力便喪失得越多，這會導致任何不如意都會隨時到來，而我們又無任何反思、發現、阻擋和削減它的能力，壓抑與痛苦的感受便會佔領心靈空間而無法被消除。長期割裂的行為讓我們無法做真正想做的事，也就一直處於壓抑、偽裝、自我欺騙的狀態中。這種反自然的行為會在我們這樣做的時候就使自身處於壓抑、痛苦中，壓抑與痛苦是選擇這類行為的即時「果報」。因而尋找無外力干擾的環境、盡力降低外力的干擾便是重要的，這樣才可以改善身不由己的狀態，掃除或減少壓抑痛苦的感受，接近真正的自由。

　　那為什麼清晰的頭腦有助於我們滿足上述的根本訴求呢？本章第四節〈擺脫外在欲望的陷阱〉闡明，要擺脫欲望的陷阱，我們便需要擁有識別和控制欲望陷阱的認知和方法。而在人類追求

利益最大化的路上，我們往往會陷入欲望的陷阱之中，一直在追求被激發出來的欲望，被激發、被填補、被激發……一系列無窮的循環其實是讓我們長時間地原地踏步。於是，所獲得的利益也就一直無法在真正意義上擴大，就算偶爾跳出原地踏步的圈子，也增加不了多少利益，反而因為追逐無限的利益而得到更多的痛苦，這違背了我們在滿足基本需求後追逐利益的目的，也就是無法獲得極大的滿足感和幸福感。將最終感受得失作為利益的衡量標準來計算時，因為人們無限追逐利益的時間都陷入痛苦，而追求到利益時的快感又極其微弱與短暫，因此我們自己損失了不少，也就無法滿足利益最大化這一人類長久以來的根本訴求。但是，只要我們識別並擺脫了陷阱，就會直接從長久的痛苦與短暫的快感中解脫出來，也就離獲得利益最大化更進一步。

這個看似為悖論的規律就很有意思了。當我們追求利益最大化而鉚足幹勁追逐明顯的外物時，反而陷入無限的痛苦中，擠兌快樂舒適的時間；當我們擺脫這一陷阱、不再極力追逐外物利益最大化時，我們反而從痛苦中解脫了，這時，我們消除了無邊的痛苦，獲得了更多的利益。我們基本都有過這樣的經歷：陷入無限追逐中的我們，就算獲利再多，也會感到麻木與空虛，這時，外物的刺激已經對我們起不了作用了，而感受到的解脫卻足以影響我們的心情，那麼此時，我們會深刻感受到真真正正為我們帶來利益的是使自己「得到解脫」的事物。

　　因此，我們必須保持頭腦清醒，才能離真正的利益更近。真正的利益也就是內在的選擇與其產生的心情，即通過追逐自然狀態下的心之所向而獲得的幸福感。那麼，我們需要深入思考人當前追逐的利益是否是真正的利益。追逐利益是動物的天性，壓制扭曲它都會產生痛苦，因此，我們並不是要放棄對於外物的追求，而是要理性追逐它：追求心之所向的事物，在基本需求得到滿足後，能夠輕鬆地讓自己脫離欲望苦海。這樣既不會讓痛苦與憂慮佔據自我的許多時光，也不會因為追逐不到一定的外物而使自己迫切的天然需求無法被滿足；既不會產生過多剩餘無效物質而造成廢物堆積的浪費，也不會讓我們喪失一切創造價值的動力與快樂。如此，一切便更加和諧與幸福。

　　那麼，我們該如何將此應用於自身，以便讓自身達到這種利人利己的狀態呢？便是認清說到與做到之間的差距會帶來怎樣的代價，代價就是自由，付出代價會讓自己陷入割裂所帶來的不自由。無論過去的我們這樣做是意識推動的還是潛意識推動的，煩躁、痛苦的感受卻真實侵擾著我們的心靈，為了擺脫它，只有儘可能地知行合一，才能讓自身達到真正的自由。

　　但是，對有些人來說，知道與做到之間還有很大差距。人們知道卻沒有照此行動的原因是：他們無限追逐利益而無法自拔、他們誇大了知行合一的難度。究其誇大知行合一難度的根源，是長期割裂的行為已經使自己無法返回童真的自然狀態了，這時，人們的思想意識與付諸行動的無意識割裂，或者思想過分活躍而

難以在行動上堅持。其實知行合一是本真的狀態，是自然的行為。但習慣性反自然久了，回歸自然狀態便難了。這就需要我們耐心治癒自我的面目全非，真正認可並親近自然、樸實與童真的事物，一段時間後，我們會發現自己漸漸恢復了本來美好與自然的面貌，回到了知行合一的狀態，這時，我們也就擺脫了痛苦、獲得了自由。

而無限追逐利益不可自拔的人，認為按照認知中正確的觀念做事會造成自己利益受損。但我們並沒有意識到，這樣的想法就已經讓自己陷入不自由的痛苦與無限追逐利益的痛苦中了，也就是已經造成自我損失了。而且時間越久痛苦越深。解放自我對我們和社會來說都是非常重要的，社會並不會因為我們的不解放而多姿多彩，反而會陷入各個勢力無謂的博弈與掩飾中。表面上經濟增長的數字，掩蓋不了生命自身真切體會到的不滿與生命無法真正綻放光彩的缺失，更加掩飾不了泡沫終究破滅所帶來的巨大損失。而這時，買單的人群、方式與程度都將超出想像。

面對這樣的問題，只有人類的「解放」與知行合一，才能真正使人的真切體會達到自由而幸福的狀態，才能使整個社會無外力相互干擾而真正形成利人利己、光彩奪目的環境。

對於社會來說，要形成無外力干擾的環境，還有一點值得注意，便是減少社會附加給個人的額外責任。額外的責任附加給個人，其實是讓個人為自己的弱勢與外界的不合理買單，人們被壓

得喘不過氣來，便很難從根源上解決問題，社會便很難杜絕同類問題再次發生。社會有能力和義務關注此類問題，減輕了附加給個人的額外責任，也就利於每個人發揮真正的能力、感到更多的滿足，而這將是巨大的飛躍，對於無數的生命來說，這將是眾望所歸的進步，一切便進入良性循環。

第八節
打通自己的認知

一個人想要把握與指導人生，只能依賴他本人承認的觀念。這種經過本人思考從而被自己認可的觀念，可以稱為自我認知。當我們逐漸意識到認知的重要性時，也就是當我們理解了較高的認知可以比積累的零碎知識更能使自己高效把握規律時，我們就會聚焦於提高認知力，用思維把握世界。

當認識到思考的作用大過已有的知識以及事物的表面價值時，我們便同時得到了大膽與審慎這兩個相互對立的品質。因為我們已經意識到了，若想客觀把握世間規律，僅僅依靠浮現在眼前的規律和實物是遠遠不夠的，但一味埋頭探究也是毫無幫助的。此時，大膽可以讓我們果斷得出階段性結論，以便認識、利用規律；審慎可以讓我們在追求真理的道路上永不停歇，時常審視來時的路，對我們的認知、方法、路徑、結論、效果、歷程進行分析、預判和評價以便及時更正錯誤，也可以讓我們認識到人

的偉大與渺小的兩面性，從而讓我們感恩與珍惜自身所依賴的一切人事物、宇宙、自身的每一秒，這有助於我們跳出渺小、瑣碎與局限的生活看待問題。

以上是發展自我認知的第一步。在打通認知的路上，始終有一點需要注意，那就是：一切的認知與思考都不能脫離自身和實際生活的檢驗，否則自己隨時都有可能推翻自己、懷疑自己。這時，思考的任何觀點、方法因為不再自信而變得毫無意義。

其實上述打破已有體系、跳脫局限與瑣碎、反思糾錯、重視與感知生命力、重視親身實驗、保持平和的求知心態的行為，由於基本認知的打通，我們便能自然而然地做到，進而我們能以最好的姿態迎接真理，便不會陷入重複錯誤、無意義探究、偏激、舍本求末的行為中，也不會陷入消極悲觀的情緒中。如果這些都避免不了，身心就會倍受無法擺脫束縛的煎熬，更何談認知的增長了。想要擺脫束縛與增長認知就勢必要打通基本認知與做到上述幾點，這是在幫助我們形成一個豁達、客觀、有效的視角來逼近真理。

若我們沒有打通基本認知並形成上述視角，我們就會受到身心的束縛。身體的束縛表現在事情無法按預期開展而百般受阻，心靈的束縛表現在自我的認知有限而無法疏解極端情緒，這也就使自己倍感壓抑。我們在日常生活中，往往因為認知能力不高，會受到思維方法、具體目標、行動意義等方面的困擾。這表現在

我們認知事物時會經常感到迷茫，無法明確前行的方向，不能明確所要突破的要點，對於事物把握不熟練，我們就會反反復復經手各種瑣事，卻無法有效解決問題。此時，無法提升認知的我們，更無力疏解不良情緒。

我們形成豁達、客觀、有效的視角後，就會發現對世界的探索才剛剛開始，我們對世界上零散的萬事萬物的認知還沒有打通。這時，認識每一個事物都只能從單個事物本身出發，而不能從宏觀上把握，我們便會不斷陷於不明原因的瑣碎事務之中，並且會因為自身消耗了許多不必要的精力和產生了無解的困惑而感到痛苦。因此，我們需要瞭解——無論當下認知能力在什麼水平，處理問題時，將認知停留在自我或狹小範圍內是不夠的，甚至是弊大於利的。因此，我們需要打通對外界零散事物的認知，只有系統地把握紛繁複雜事物背後的規律，才能聯繫起萬事萬物，便是將認知提升到融會貫通的階段。思維上不再受困甚至找到出路，也就讓我們脫離了上述一切困局，從而在認知和精神上分別達到了明理與豁達的狀態，這時我們能夠從容把握事物發展的方向和節奏，這是「打通人對萬事萬物的認知」的作用。

世界是無限的，打通認知也是無限的。我們尚且不能做到打通對所有事物的認知，因此打通認知對於現在的我們來說，永遠在路上。但這也並不是遙遠與虛無的，只要我們前行，就一定能夠提升認知，進而我們會活得更加順遂、通透。其實，每個人都會發自內心渴求自己認知的提升、貫通，無論最終提升多少、過

程是否一帆風順、結果是否豁達通透，無論自己是否承認與覺察、是否被紛繁外物迷惑雙眼，追求思維通暢、認知提升都是我們潛在的心之所向。就算我們不承認「認知能力」是一件武器，內心也渴求著自己能夠得到它而變得強大。

在打通自己對於萬事萬物的認知過程中，我們還需要注意一個方向性問題：人類作為高級動物，有兩個優勢區別於其他動物，高尚的品德與複雜的頭腦。因此，人類世界才能井然有序、繽紛多彩。我們雖然都有逐利的天性，但這都不足以讓我們相互「廝殺」、剝奪機會來擾亂社會秩序，減少此類行為才能留出更多機會讓生命綻放光彩。有人說，井然有序不是人的功勞而是制度的，其實他沒有看到制度與人一樣關注平衡、崇尚道德，而制度來自於人類本身，是人類創造了它。另外有人批判道德綁架，實際上，道德要求並非毫無道理，有些對他人的道德要求看似是侵犯了他人自由，實際是他人在做害人害己的事而不自知。當一件事或一類事的危害大到一定程度時，就需要對它進行控制，這也是維護社會平衡從而維護每個人正常生活的方式；而有的道德要求，雖說有道理，但如果方式錯誤、程度過激，便會傷害到他人，就要抵制它了；還有一種道德要求是需要抵制的，就是在不明真相時的道德要求，這是由於此時人們還不能判斷是非曲直，若只憑藉眼前失實的信息下定論，那麼定論便是錯誤的，在錯誤定論的干擾下抨擊相應對象會使其蒙受冤屈，人們自己也會在膚淺的認知中越陷越深，從而影響自己對於生活方方面面的認知與決策。而

理性地崇尚道德可以使人避免傷害與走出傷害。這便是人比其他動物高明的地方：高尚的品德所帶來的更多價值；而人與低級動物不同之處的複雜頭腦具有較高思維能力，人就能發現新奇事物、有意義的事物，創造新奇體驗、生命的充實感。

解決認知提升的方向性問題後，如何繼續提升甚至打通認知呢？概括來講，就是要在生活中多加反思與實踐，走出以往思維慣性的誤區。而這時，許多人對於打通認知具體指什麼不理解，也就會面臨一些無法解決的難題與誤區，這是下文提到的「讀書的斷層」與「抽象的弊端」。

目前的困境是，許多人選擇以讀書等類似的方式，向智慧、功成名就的前輩學習他們的認知，但這恰恰是最難的。前輩輸出的高階產物通常是複雜與難以理解的，除非他們願意完全祖露全部的認知與思維邏輯路徑。不然，作為初學者的我們在領略前輩作品時，一個經常性的困難便是無法準確解析前輩所言。一個初學者若只是在解析前輩知識的路上前行，那麼他大概率都不會成功。因為偏差與誤解在所難免，這類問題越多越會影響自己的認知。加上自己得出的誤解不易被發現：由於自己的理解受前輩啟發，因而對此深信不疑。這就讓生活的困局長久存在了。誤區無法被發現，思維上便無法進步。還存在一種情況，便是有太多無法理解之處使我們停下學習的腳步。這是「讀書的斷層」問題。因為我們對此不夠瞭解，在打通認知的多數時候，讀書很難推動

認知增長反而對其造成阻礙。但我們不能因此拒絕讀書。有目的的讀書應放在勤奮思考之後，在自我產生一定認知之後，讀書可以檢驗已有認知是否正確，也可以對認知錯誤之處及時糾正，這時，讀書可以起到提示自己的作用。我們不應讓讀書抑制了自我思考，代替自己做出理解不了的判斷，也不應讓讀書給自己帶來紛繁的不解與誤解。

那麼到底是怎樣的辦法可以有效打通自己對前輩或已有知識的理解呢？便是先從自己可以理解、可以實踐、可以獲得真理的內容開始學習與驗證。在這個基礎上，謙虛地學習吸收與不斷地反思，為後續理解前輩、人類群體或者是經由他們表達的規律打下基礎。讀書方面則需要解決「讀書的斷層」問題。做法是閱讀邏輯流暢、思維縝密的書籍，這樣我們更易消化吸收、深入理解，學習的效率與準確率會更高。而大多數作者、教者在形成較複雜的抽象思維之後，不會闡述全部思維路徑，或者他們會按照個人思考與寫作慣性編排內容，就會造成初學者解析困難與失誤的問題。這是因為抽象概念本來就是一種概括的觀念，它們需要運用學術名詞、約定俗成的詞句、小眾詞語、邏輯結構表達，並且在表達時更簡短、規範。因此，許多書籍會造成大多數非研究者閱讀理解的困難，就算研究的是隨處可見的事物，由於表述簡潔、遵守學術規範與有時出現的編排不順，讀者便難以理解內容與將其對照現實，書籍內容的實用性便大打折扣。這個問題便是「抽象的弊端」。

對於我們大眾來說，新的詞彙、學術名詞、抽象的邏輯會讓我們感到陌生而無從判斷。有時作者省略與忽略解析、使用產生歧義的內容會打斷大眾的閱讀與思考，造成讀者理解上的邏輯斷層，也就無法讓讀者承接已有的觀點、難以深入理解全書內容，進而讀者對接觸到的這些抽象概念打上問號，不接受它們甚至會對它們產生質疑。而要突破這個難點，讀者往往需要花費時間精力，用各種方式來求解，而且這樣的問題不止一個。

如今，人們步入社會後，業餘學習的時間十分有限。對於他們來說，學習的門檻被抬高了，而實際上，大家想要學習的不過是邏輯通順、容易理解的內容罷了。但是這樣的內容不易被找到，這是很多人都會遇到的問題，也就造成讀書擴充認知的困難。這樣的困難從外在看來，就是學術與能力的原地踏步、應用空間過小；從個人生活看來，就是遇到困惑時難以解決它們。

我們認識到了以上學習中的障礙，即我們感受到的「讀書的斷層」是「抽象的弊端」造成的。解決這兩個問題的方法便是學習科學嚴謹、邏輯通暢、容易理解的內容。更好的情況是：作者與教者都願意把自我得出的認知清晰化、具體化、通順化，一旦向別人打開了這扇大門，也就贏得眾人走進自己的研究，這利於大眾檢驗自己的研究成果並有效應用它，那麼，社會便會走出成果無從評判與應用狹隘的盲區。當然，這一檢驗若是有效，也勢必會幫到他人，那麼就可以達成共贏，增加了人類利益總量。因

此於人類總體而言，解決認知抽象的弊端、建立破除抽象弊端的學習路徑是非常重要的，這不僅可以推動人類利益總量增加、人類認知普遍提升，還能幫助人們在實際生活中運用各種有效的方法，這表現在人做任何事情時都能動用最大的資源與發揮最大能力揭開迷霧。於是，個人困惑、人類迷局、重複性悲劇便都能得到消解。而消解的結果是人們更易找到答案、明確方向、充實生命、開闊心胸，更易解決往後面臨的困難。

　　追求集體認知進步，有著現實與理想的雙重價值，這其實也是人類一直在做的，只是不夠高效，我們來反觀一下它目前不夠高效之處。個人在提升認知這條路上，大眾都會選擇「讀書」的方式。而這個方式目前存在一些問題，便是上文分析的「抽象的弊端」。該弊端存在於一些過於簡潔與邏輯推理不通暢的書籍中，從而造成幾乎每個人都會經歷「讀書的斷層」。這會讓我們因個人認知有限而無從獲取知識、獲取知識的成本高與時效差、無法理解所讀內容，而難以理解與驗證所讀內容，我們便難以跟隨書本繼續拓展認知，那麼思維停滯之處便是讀書的斷層處。一本書若給人造成的閱讀斷層越多，這本書的意義就會越小，或者它被人理解的時間會越長。

　　也有一些人容易打破讀書斷層，便是比他人研究的領域更廣的人。他們可以將眾多書籍高度關聯、可以獲取與掌握高度互聯互通的信息。但其他人就算擁有高度通暢的信息，也會因為理

解上的不順暢而難以攻克斷層問題。打通認知本就消耗腦力、精力，容易使人疲累，再加上讀書的斷層使消耗加劇，於是，很少有人能夠真正全面理解他所讀過的所有不通暢的書籍。這時人們並不一定一無所獲，因為書籍還有通暢的部分可被理解與學習，當然，這必須通過大腦的理解與分析，就算是讀一段通暢的文字促進了認知，也是通過思維的活躍而達到的。所以我們很難說誰真的在死讀書，除非他讀的時候，他的大腦被其他事所佔用或者他毫無認知能力，因為理解、接受、疑問、困惑都是思維運動的結果，只不過讀書的斷層讓思維卡住了。讀與思本身就沒有分開過，只是思考容易被打斷，這時我們需要做的就是增強思維能力，使思考不易被打斷並且能輕鬆與快速地處理斷層問題。另外，我們也需要逐步掌握一些未知但必要的概念，從而使思維更好發揮作用。這時，概念獲知了，思維強大了，斷層便打通了。

我們都瞭解，概念的獲知不是不可行或極其艱難的，反而是有跡可循又越發簡單的，但思維能力提升卻充滿變數與艱難。於是，打通讀書的斷層也好、解決抽象的弊端也好、打通自我的認知也好，重點應放在思維能力的提升上，思維能力越強，所打通的認知就越多，那麼，思維能力會更強。

打通認知是目的，思維能力是武器。接下來我們探討的內容更多是打通人對人的認知。打通認知的對象分兩類：一個是打通人對萬物的認知，上文講了人在把握世間萬物時，不斷打通未知，企圖尋找到可以聯繫萬事萬物的規律；另一個便是打通人對人的

認知，人身處社會，需要與其他人打交道，為了協同他人解決問題，我們需要打通人對人的認知。上文指出了打通認知的複雜性與困局，並提供了解決的方法。為了形成一個對人類整體與個體來說都更好的學習與發展環境，必須再次強調，打通認知實際就是打通自己已有認知與外界規律、外界認知的壁壘，讓人們的思維都普遍接軌與提升。而要打通壁壘，就需要一些主客觀條件。每個人在展現自己的認知時，不應過於「自我」，而應隨目標、對象的變化有所調整，以開放與耐心的態度與他人疏通認知。另外，為了幫助人們打通認知壁壘，如學習新的學科、發展新的興趣，社會需要打造破除壁壘的途徑與輔助性工具。打通認知於每個人而言都是有利的，這會使所有人的認知都不再像過去一樣膚淺、狹窄，人們也就便於協作與交流。所以，為了共贏、事物高效開展、小我的幸福與獲利的順暢，我們應嚴肅跳出過去在認知上的誤區、妥協與低效，追求認知的不斷提升，這本身就是一種智慧，是相信智慧會產生作用從而為我們真的帶來改善的智慧。

一個人在漫無邊際的世界生存，信念與牽掛可以使人感到由內而外的踏實與幸福，也能使人的頭腦格外清醒而不被蠱惑。沒有信念，便如浮萍，隨風搖擺，哪怕搖擺會給自己的生活帶來危害，也絲毫意識不到，更解決不了。而追求智慧的信念在這裡會促使我們對「異常」、「造成傷害」的事物產生警覺並及時反思，我們掌握的事實證據越明顯、思考的因果鏈條越深入，就越能意識到各種佈局的初衷，從而使自己在其中不受侵害。很多人認為

信念毫無幫助，其實不然，上述就是它的作用。而意識不到這點也正常，因為生活很少提供機會讓人深入思考，也很少有事件推動人們產生追求智慧的信念與享有智慧的成果。

擁有追求智慧的信念的人都曾爬出過痛苦的深淵。而有的人落入痛苦深淵中會破罐破摔，甚至放棄生命，還有人妥協了，他們再也不想將相關的一切放入頭腦，於是，才有目前少數人堅持追求智慧的局面。一個人擁有了追求智慧的信念，堅信智慧能夠帶來幫助，並為提升智慧做出了努力，他才能收穫越來越多的智慧，才能憑藉智慧解決更多問題。這就是信仰的力量，它讓人在無知與困境中堅持求索，並最終達到目標。

認知力較弱的人更需要擁有追求智慧的信念。人們在追求智慧的信念下會不斷地主動探知一切事物的真相、規律，這會讓生活變得越發簡單明瞭。現在對智慧的概念還一頭霧水的人，可以先從辨析智慧與聰明的區別、瞭解智慧的作用與意義、探究提升智慧的方法做起，再思考是否建立這一信念。最終每個人都會發現只有堅守這一信念的人，才不容易被欺騙利用，才會在日常生活中擁有探知真相、不斷反思的習慣，並在不斷求索中對世間規律與套路有深入認知。

當然，自大的人會被自己有限的認知與小我的欲望所禁錮，他們往往會在需要智慧發揮作用時付出代價。由此我們可以意識到，因為無知才追求認知時的學習力度是不夠的。謙虛只能為汲

取知識創造條件，追求智慧的信念才可以使我們自然地追求智慧，從而讓我們堅持求知並找到撥開迷霧的方法，最後可以使我們不再局限於小我與不經檢驗的有限認知，這時，求知成為了一種習慣。

當人擁有了追求智慧的信念之後，他在提升認知的路上會行進得更快。智慧到達了一定程度後，人們會發現這一切智慧都會歸於自我的「良知」：智慧意味著更清晰的思維、更完美的方法。世界因為充斥著勾心鬥角、複雜事物而需要清晰的思維；因為得不償失、互相傷害的事屢屢發生而需要完美的方法，而每個人的良知都恰好讓我們避免了上述問題。從良知出發審視自我與世事便成為了捷徑，我們與良知貼得越近，便越發能夠瞭解自我和控制自我，從而能夠時常把握自己的心理感受並調節它，也能時常警示自我，如此，我們便不會做出使自己不愉快也使他人受傷害的事。人人只要保持與良知貼近的狀態，自然就可以從根源上消除世界的不美好與個人的不明智。

我們熟知了打通認知的一些前提條件和注意事項後，還需要瞭解幾個可以打通認知的小方法。第一種方法是保持好奇心。在好奇心的驅使下，人就會對身邊有趣的、矛盾的、重大的、關聯自身的事物提出自己的疑問，並且對疑問之處尋根究底，直達問題核心。研究問題時深入的程度不同，問題終止的層級就會不同，越深入本質，就越能得知原理、真相，從而越能從根本上解決問題。第二種方法是對相近事物做習慣性辨析。這有助於我們以嚴

謹的態度鍛鍊大腦的敏銳力。辨析也會促使我們補充知識、瞭解已有問題、重新思考，這時我們需要自己定義這些相近事物，再對它們進行不斷地反思，力求定義準確。最後一種方法是多進行反映事物特徵的實踐活動。臨摹便是這樣的活動，可以反映一個人對特徵的把握是否到位、程度如何。那麼我們可以通過一些實踐活動反觀自己把握規律的能力如何，而這時技藝的熟練度需要被忽略。

　　總結並拓展一下，如何一步步打通自己的認知呢？首先需要擁有大膽與審慎的態度，大膽在於不過度探尋無邊的真理、及時形成有效方案再迭代，審慎在於不迷信現有結論，這會讓我們保留一份永遠追求真理的赤誠，也會讓我們珍惜所擁有的一切，我們便能時常審視與反思，使思維不斷發展，也就能跳出自身的瑣碎與局限，能明辨真正的意義、方向和事實的真相，我們也會因為跳出了自我的狹小視角而能意識到自己所依託的一切並感恩它們；接著需要重視現實的檢驗，用生命的感知力和科學求知方式來驗證所得，從而篩選出可以發揮作用的理念指導自我；如此我們便進入了認知的良性循環，這時我們在求知中的心態便是平穩可控的，也可以用心態是否平衡反過來檢驗我們的求知是否踏入了誤區；接下來需要打通自我對於萬事萬物的認知，在精神和認知上達到豁達與明理的狀態；在這個過程中的我們需要避免抽象的弊端與讀書的斷層，主動用各種方法牽引自我的認知一步步提高，而不因誤解繁多、無從理解、無能為力、思維受限就跌入誤

區中進一步加深誤解而毫無察覺，在主動牽引自我認知提高的同時，需要重視自己與外界在認知上的壁壘、斷層，尋找合適方法攻克它們，不為外界各種斷層與壁壘所懼所攔，主動讓認知逐步與外界接軌，從而得到真正的學習提升，當然了，如今還存在隔行如隔山、細分領域過多的問題，衝破壁壘需要付出一些成本，那麼我們更加需要一股闖勁，其實沒有闖不過的坎兒，一個真正聰慧的人可以不受經歷的限制而迅速適應新環境；擁有了上述方法論，我們自然不會一葉障目或是受到無謂爭執所帶來的困擾，而是更加明確一切認知都是服務於自我，為了自我，應負責地探求對自我有益的事物。而什麼是有益的？擁有良知的人就會越發懂得：除現世的物質財富與精神享受以外，還有隱含的得失常常被人忽略，概括地講，真正的利益便是儘可能延長生命中暢快、幸福的時光，所以我們需要擺脫他人對我們的不良影響，一個人始終要與其他人發生關聯，因此，為了使別人不傷及我們的利益，我們需要彼此達成共贏的共識，每一個人在追求自我利益時，因為要確保利益達成，需要維護共贏的環境，當我們瞭解這些原理之後，我們就不再會感到困惑、迷茫；但最後不要忘記，打通認知始終都在進行中，我們需要保持尊重一切與謙虛思考的態度，並互助達成全人類相同的目標，即全人類的幸福，這才是最重要的。

第九節
打通人與人的認知

通過上文的分析，我們能夠理解：從人的主觀能動性上看，對自我真正發揮作用的不是外界已經形成的科學理論，而是被自我認可的認知。這種認知一定是經由自己邏輯推理的，哪怕邏輯推理與眾不同甚至有誤，只要自己還未發現錯誤之處，這種認知就會一直對自我發揮作用。人類在科學上勤奮探索，實際是要打通人類前沿認知到未知規律之間的距離，最終是為了打通與融會人與人之間的認知。正是由於還沒有打通人與人之間的認知，社會上很多事務難以協同開展，一些美好的憧憬無法實現。

而打通人與人的認知並不容易：任何一種不成熟、考慮欠佳、難以實踐的理論，都無法經受全人類的檢驗，那麼就不會被認可，更不會成為廣泛共識，也就無法指導全人類的行為。哪怕每個人用各自的方法各掃門前雪，也不會認同一個自己無法檢驗或檢驗為錯誤的理論。但是有些時候，人們的檢驗有著滯後性，也就是經過一段時間後人們才能看清真相，因為真相浮出水面需要一個認識和發展的過程，而大多數人只會信服於觸手可及的現實。因而在這種自然的發展中，驗證總需要一定的時間，早期那些可被取信與不被取信的各種理念在真相浮現後，才會最終回歸到本來的位置。理念從人們認為是錯誤的歸到是正確的、正確的歸到是錯誤的、正確的再次驗證為正確的這段時間就是試錯期，甚至人

類長久的求知過程也都是漫長的試錯期,而人類的認知也是在這種現實的檢驗下逐步發展起來的。

上述就是打通人與人認知的難點之一:人類普遍適用的理念就算形成了,後續也需要一定時間檢驗。難點之二便是社會中人與人的認知是參差不齊的。無論是自己的認知提升還是人與人形成共識,都需要觸手可及的現實來佐證。任何信息不通暢的地方,驗證工作都會受阻。信息通暢最大的意義便是將人群放入同一個現實中,從而讓所有人都能看清同一個現實,這有助於個人與社會形成不再被人質疑的共識。信息通暢,即保證人們進入同一個現實,這是打通人與人認知的一個大前提,但是若無法實現認知的貫通,只有零碎、歪曲的現實而非同一個現實時,人們會因為理解角度、邏輯推理能力、已有認知、陷入瑣碎生活程度的不同,以及缺少權威的認知指引,而共同製造出一種彼此觀點紛繁多樣、難以統合的困境,這會導致共識的形成難上加難。在這樣的困境中,人只能「相信」已有的、無法令人完全信服的事物,而此時各個學科因為劃分細緻而難以形成全面的視角,也就難以理解與連絡人們生活的不同方面,便難以為各個事件快速地給出不再被質疑的指導,社會中的矛盾便難以被調和。這是因為各個學科之間鴻溝過大,如果不常探索實用的權威方法,就難以在關鍵時刻產生實用的價值。這時若能保證全民進入同一個現實、注重研究的實用性,權威聲音才有可能形成,這個聲音並不是單純的號召,而是可以產生實際價值且被廣泛認可的,此時,全民便

可以形成共識，從而以此指導生活，使得人人不再遭受矛盾又錯誤的聲音干擾。當人人都進入了「同一個現實」與接受了「權威聲音」的引領時，社會的較大矛盾與具體問題便更容易被掃除。從前，我們在解決具體問題時，能夠輕鬆或自然地獲得「同一個現實」的條件和「權威聲音」的引領，問題便會在人發現之際被及時消除，所以人容易忽視它們的作用。而社會層面出現難以解決的問題時，只要大家都進入了「同一個現實」，而且出現了「權威聲音」指引大眾，問題就迎刃而解了。如果人們為一個問題爭論不休，就代表這時「權威聲音」還沒有出現。而「權威聲音」之所以高過其他聲音，不是它表面上的權威，而是它可以在邏輯上統合其他聲音、在實操中取得顯著成效。

上文展開講述了打通人與人認知的兩個難點，驗證的困難與普遍共識形成的艱難。有共識的地方就有暢通無阻的交流、團結一致的行為。在現代社會，這個共識存在於某個群體、行業或地域中，濃縮為「流行化語言」、「梗」、「潮流」、「習俗」、「暗語」。共識形成的背後是形成了一定範圍的「普適」價值，也就是人們自然地認同了某一價值。

當全民的共識難以形成時，社會就可能出現各類人群通過相互交流與影響的方式自然選擇某類價值觀作為共識的現象。能夠形成共識，說明該觀點在它流行的時段，可以給接受它的人帶來益處，他們自己也認為如此，無論這個益處是否真的有益。這是自然形成的打通人與人認知的方式。我們也可以理解「流行化語

言」、「梗」、「潮流」、「習俗」、「暗語」是這樣產生的，這是它們存在的價值。但是，世界因為各種衝突而不斷發生變化，社會矛盾也在動態調和之中，我們生存的自然與社會環境更是在不斷變化之中。於是，小範圍中的共識會不斷發生改變，大範圍中的真理會持續留存。

我們人類，尤其是社會科學家，最值得做的事是：找出較大範圍中普遍適用的真理作為共識，再引導共識以自然的方式傳遞給每個人，以達到打通人與人認知鴻溝的目標。而我們在日常生活中，常常處理的是一些平常事務，這需要我們做好自身與他人的溝通對接。那麼我們需要做到的是：明確人與人的交流只是人們關於「事務如何理解與開展」進行的梳理與對接。我們便不會浪費大量時間說廢話、說話牛頭不對馬嘴、把握不住重點、顧左右而言他、讓思緒處於混亂中，如此，我們溝通的行為便會趨向於高效，溝通的結果便會趨向於實用。比如，明確目標是對接自己與他人的認知，就需要集中注意力關注彼此認知的銜接點，以達到事半功倍的效果；因為多人交流時難免出現思緒混亂、語言冗餘的情況，我們就需要提前梳理自己的認知與探知別人的目標，來提前避免這個問題。做好這一切，我們便會在主導溝通、參與溝通時，感到整體交流的高效，並且會對自己把握重點的能力感到自信。

當然，作為社會信息的接收者，我們不能控制信息發佈者與傳播者把握重點的能力，這時我們就需要自己關注重點內容，

推動理解與溝通有效開展。我們也不清楚信息發佈者與傳播者的思維能力如何，是否發佈與傳播了實用與準確的信息，我們這些吸收者就需要在面對繁雜的信息時形成這樣一種基本的認知：每個人都在成長，而每個人成長的階段是不一樣的，就算是走在人類認知前沿的權威人士，也不是全知全能的，他們也還在不斷探索中。有了這一基本認知，我們便會理解無論出自哪裡的信息，都有產生錯誤的可能，而有些錯誤觀點會帶來難以預知的廣泛悲劇。於是，我們所有接收者在面對任何信息時都應設置一個理性的屏障，既然思維上的最終後果都由我們自己承擔，有條件時，我們就需要親自成為思辨者、驗證者，而不要盲聽盲從。有些我們以為的利益實際會帶來更大的傷害，不必因為誰聲音大就信誰，這種帶著看劇的心態等待劇情反轉的行為就等同於棄權。這一切行為也都遵循因果規律，我們看不清是因為較低的認知限制了我們找出事物之間利害關係的能力。在不明白這一關係時，人們基本都會做出簡單的決策：放手不管一切複雜的信息，只追求眼前利益而不考慮長遠的利益得失。

當人們對思辨的重要性認知得越發清晰，並且越發能夠分析出自己與社會事務之間細緻的利害關係時，人們就能越多地自主參與討論與維權。這時就算有人勸阻，我們也不會放棄為自己爭取權益，更不會任由不良後果產生。無論社會包含的利益關係多麼龐雜，人們追求溫飽、安全、安定與幸福的基本訴求是相通的，這些訴求對每個人來講都十分重要，需要我們時刻關注與守

護。那麼我們就要不斷提高自己的思辨能力，準確預判事態發展方向。當一種最佳的方式被最多的聲音支持，甚至權威人士也給予支持時，那麼這種最佳的方式就會被推舉，大多數人的利益就得到了實現。反之，大多數人的利益就會受到損害，結果會使每個人都為此付出意想不到的代價。

人與人認知的打通，需要基於每個人自己認知的打通和提高。既然我們共同擁有一個地球，為了我們自己的利益，就要打造最好的社會環境。任何零和博弈的力量都會阻礙良好環境的形成，從而間接傷害到我們自己的利益。因此，我們需要明辨破壞社會環境的行為並阻止它，守護整個環境就是守護我們自己、我們的家人。實際上，無論我們是否意識到，我們的每一個喜好、動作，大腦都思辨過其可能產生的得失，而一個人思辨的能力越強，他在利益判斷時就越準確，判斷失誤所帶來的損害便越少。

第十節
追求自己的成功

人類的一切行為，都是在每個人認知的支配下開展的。人類行為的目標，是滿足自身的需求。圍繞這些需求，得到了相關事物甚至最終滿足了需求，我們稱之為得利；有所損失、未滿足需求與陷入困境，我們稱之為失利。

人們如今為了滿足自己的需求，堅持資本至上，將金錢看作疏通一切需求的媒介，藉此參與經濟活動來滿足自己更多的需求。人類天生就充滿了需求，滿足需求即逐利便成為了人類的天性。為此，大多數人自然地為了自己的利益參與經濟活動，從而推動了世界的發展，促成了當今世界的模樣。

當然，在逐利意識的驅使下，人類會在永久的逐利中不斷精進這一行為。為了獲得更多的利益，或為了矯正無法獲利與造成損失的錯誤行為，我們就需要改變而不是延續錯誤行為，歸根結底是需要使認知產生質變，這個質變是為了更好梳理人類整體利益的得與失，從而利於確定未來逐利的方向，而不至於在損失的路上越走越遠。

人類在求知，也就是打通認知的路上，永遠沒有終點，但會給自己設置很多里程碑。有些里程碑實際只存在於一些人對另一些人的嘉獎、認可中，還有一些是自己對自己獲取自由、幸福的評價，很多人把得到別人的嘉獎與自己對自己的認可稱為「成功」。而有時對於成功的宣傳力度過大，使得人們從小以為人生目標就是為了追求成功。如果社會把成功約定為某個模樣，那麼有些人就會以為自己終其一生就是要成為這個模樣，如果沒有成為這個模樣，內心就會充滿空虛與痛苦，甚至有人會了結自己的生命。同時，有些「成功學」教人如何成功，也因為過於籠統、膚淺，使人摸不著頭腦，於是，人們也就不把「成功學」當回事了。

其實，這兩個關於成功的認識都存在問題：第一種過於功利，卻未結合個人的實際情況，如果過度引導會造成悲劇；第二種是不顧及成功的定義因人而異，卻企圖用自以為是的片面觀念定義成功，這是邏輯不通的，也就無從驗證。如今人們追求成功逐漸成為了：人們追求自己對自己的評價，只要自己認為自己成功就是成功。但是如今，這樣的觀念會經常受到動搖，尤其是遇見自己更認可的人、事、物時。

那麼，究竟什麼是值得、穩定、自然、健康與有效的「成功」呢？其實很簡單，就是自我價值的最大化實現。這並不是要讓我們剝削自我的勞動，而是在個人與社會共同的需求下，達成一個共同的追求，即自我價值的實現。它會為每個人帶來充實和趣味的感受、鍛鍊能動性和智力的機會、提升個人和社會價值的結果。而這一追求會為人們發揮自身聰明才智以最大化地實現自我價值夯實基礎。

正是因為每個人充分發揮了自我價值，我們認清了自我價值所在及其發揮空間，便不會因為看到別人的成就而自我懷疑與黯然神傷。若自我價值的實現，為他人的價值實現產生了推動作用，那麼我們就會加倍體驗到價值發揮所帶來的充實和樂趣。久而久之，我們會越發感到幸福，這也正是成功的目的與意義。這時我們會發現，自己在發揮價值的路上還未得到最終成果就已經感受到了喜悅。實際上，成功並不需要取得什麼大的成果，只要對得

起自己、讓自我盡力綻放光彩、讓自我的生命不再有一刻勉強妥協與消磨浪費、讓自我的人生被樂趣包圍即可。

自我價值的發揮與其帶來的幸福感受是我們每個人最大、最終的利益。在這條追求利益的路上我們還需要辨析一點才不至於誤入歧途，便是功利與自然收穫之間的差別。利益的標準下，我們都在做著獲利程度不同或相同的事，使人生看來充滿了目標與獲得感。但是，有了利益這個目標，我們心理上就總會存在得與失、成與敗的計算，當利益成為我們關注的目標時，我們的人生也就被它佔據，這其實說明我們還沒有踏上自然而然創造自我價值的道路。

而順著上文探討的成長之路進行自我完善，人生就會逐漸走上真正的自我成功之路，這其中沒有勉強與痛苦。但如今我們照此完善了自我卻還要被動承受勉強與痛苦，是因為我們還在承擔彼此之間未完善的人所做出的「非自然行為」給我們帶來的不良後果。

第二章

愛

在逐利的路上，我們逐漸學會了控制成長的方向。通過自我完善，我們可以獲得利益，也會獲得相應的生命感受，其中，有些感受足以震撼人心，超越世俗。世界上就有這樣一類事物可以帶來最強的震撼和最大的力量，這種震撼和力量足以將人從精神的沼澤與牢籠中救出，甚至能夠將人喚醒，使人獲得重生與自我力量的增強，這便是愛。愛不帶一絲功利，給出愛的人不會有絲毫利益盤算，接收愛的人也不會立刻聯想到利益。愛的產生不需要任何物質成本，一個愛人愛己的念頭就可以。

但是愛恰恰能帶來遠大於人們認為的利的好處，成為了一個新的利、更大的利，卻未被人爭奪索取，而感受過一次愛的人才會真正感受到活著的意義。這樣的事物就存在於人們的情感中，會經常出現於親人、愛人、朋友之間，偶爾發生在陌生人之間。

而愛難以普及的原因是：出於愛還是出於利益的行事動機在很多情況下是衝突的，人們為了得到短利，經常拋棄愛而選擇利，而更多人下意識就會選擇利、忽視愛。能夠不計較當下的利益得失，寧願承擔損失的後果都要給予愛的人少之又少，這樣的人恰恰是純粹的。而如今人們對純粹、愛的認知還比較淺，感受愛的時間佔據整個生命時間的比重微乎其微。但是，這些對純粹和愛

還未深入體會和瞭解的人，也是有機會接觸愛的，比如感受自己與親人之間的關愛、感受自己對某些事物由衷的愛憐。愛離我們如此之近，只是還不足以讓我們用盡生命去追逐它，這是因為我們認為追逐它還不能解決當下的一些「燃眉之急」，於是，人們認為它是無用的。這些「燃眉之急」便是我們用生命中有限的時間來工作、學習、交際從而換得謀生的錢財，再用錢財來滿足需求，而滿足需求也需要花費時間，我們的生命就被這些「重要的事情」佔滿了。

但是如果認知僅僅局限在這裡，我們往往就只能做一些簡單的交換錢財的事了，當我們再反問一下謀生的錢財又是如何形成的、錢財存在於世與長久有效的根基又是什麼時，我們就會獲得新的啟示。錢財是衡量價值的工具，每一個個體都會承認獲取錢財的勞動者的價值，一個人想得到更多的錢財，他所要創造的價值就要更大、更普及，相對應的，能通過錢財得到滿足的自身需求就更多，除人必要的需求以外，他就可以滿足其他不必要的需求了；相反，錢財少的人，會因為必要需求都難以滿足而抑制更多需求的產生，尤其在一些誘惑中，他越是抑制，越會感到痛苦。

而我們進一步反思，又會得到新的啟發。為什麼人們的需求會不斷地產生？它又是如何產生的？隨著對社會現狀、人性的瞭解增多，我們可以知道需求是靠主動產生與被動刺激兩種方式生成的。如今，需求的主動產生與被動刺激的前提是一直存在、並未消亡的。主動產生的前提是身體的需要和探索世界的需要，被

動刺激的前提是外界不斷將我們本身不需要的事物轉化為潛在需求、刺激我們的欲望膨脹。無論是主動還是被動，需求的產生與滿足都依託於每個人衡量付出與回報關係的行為，越是付出相對回報多的需求，越是被我們壓制甚至消解，越是付出相對回報少的需求，越是被我們重視甚至優先滿足。既然如此，我們可以跳出小我回顧一下自我需求的產生，也就是自我主動產生的必要需求和探索世界的需求，以及外界將我们的潛在需求轉化來的需求和刺激我們的欲望膨脹而产生的需求的四類需求的產生過程。將它們按照對人的意義由大到小的順序排列，分別是：必要需求—探索世界—潛在需求—欲望膨脹。而我們的大腦隨時都會根據自身擁有的錢財、資源、個人特質和天性為四類需求的重要程度排序，順序又會隨著自身情況的變化而變化。這些不同的需求在得到解決時，都會使我們產生相應的滿足感，有些滿足感持續時間較久，有些滿足感則是快感，稍縱即逝，無法沉澱。越是不必要的需求和意義不大的需求，滿足感消逝得越快，而且隨之而來的就是新一輪的強烈欲望和空虛感。而這一切成為如今大多數人付出越來越多時間謀取錢財的原動力，但是若用絕大多數的欲望和空虛感、少部分的充實感和滿足感促使我們花費時間、體力、精力賺錢，就讓我們一直陷入不必要的付出中，這對我們來說是得不償失的。這個過程與結果使人產生的感受與愛相比，相差太遠。

　　愛在我們形成、傳達和感受期間，以及之後的很長一段時間裡都能讓我們一直擁有滿足感、幸福感，就像被溫暖陽光包圍而

感到的極致暢快。而這時，我們需要再思考一個問題：愛可以幫助我們獲取錢財從而滿足必要需求嗎？如果人對這個世界瞭解過少或者認知膚淺，自然不會認為愛有這個能力。實際上，愛有這樣的能力。愛可以讓我們成為於人於己都友好負責的人，從而可以產生實實在在的巨大價值。因為愛，一個人會不斷追求真理和智慧，久而久之，他的認知和各種能力便會得到極大提升，他獲取財富的認知與能力也會得到提升，賺取錢財滿足必要需求的技能會越發嫻熟。

對大多數人來說，如何讓愛的光照進現實呢？便是先培養自己成為一個為人也為己的智慧人。不斷拉近自己和每個人的距離，慢慢就會發現，我們都大同小異，會因為別人的快樂而感到快樂，會因為別人的痛苦而感到痛苦。如此，我們的心態、心智便調整為了健全陽光的狀態。認知也因此更容易被自己打通，自己再做一些思考時，更容易得出接近真理的結論。就僅僅在個人心理健康、心智健全、認知拔高上，自發的愛就已經能夠發揮作用了。對愛的作用越是體會深入，我們越是離不開愛，最終愛和我們融合在一起，貫穿到往後生命的每分每秒，而此時愛的作用也是最大的。

而愛的產生就如上文所說，只需要一個愛人愛己的念頭，不需要物質世界任何的成本。對我們每個人來說愛的性價比很高，而正是這個原因，大眾對它的接受度就會很高，那麼它融合在每個人生活的概率便會大，程度便會高。而愛由愛人愛己的念頭產

生後，它在現實生活中的作用是怎樣的呢？我們每個人會因為愛一切，而變得尊重一切，並且渴求瞭解一切原理，因為此時，原理也是可愛的，並且我們可以借助於原理使生活質量提升、使生命體驗圓滿。在探索原理、順從規律的過程中，我們會使自我的行為順從自然，比如，自然地感興趣、自然地探索實踐、自然地創造、自然地收獲。這時，我們因為過程的自然便脫離了被迫的痛苦，就能感到安寧與幸福。那麼，這種由愛一切的念頭所產生的自然由衷的興趣、關注與實踐的整個狀態便都處於「真愛狀態」了。愛與真愛存在一些細微差別，愛簡單到僅僅是一個念頭，但真愛體現在自發而持久的行為中。

第一節
真愛

在日常生活中，我們對不同的行為、對象與事物發展階段的理解和感情都不同，但是一旦我們處於真愛的狀態，它們就成為了我們的真愛，我們就會進入一個純粹又智慧的境界。在這樣的境界中，我們拋棄了瑣碎的算計與比較，相當於直接拋棄由這類行為所帶來的疲憊、痛苦的感受，我們把大腦與心情都從沉重無用的瑣事中解放了出來，這時我們帶著所有腦力與輕鬆的心情投入自主發揮興趣、探索意義、創造價值的過程中。這個過程因為完全自主自然、無不良干擾，我們便樂此不疲，從而主動將更多

精力投入進去，哪怕遇到困難，我們也會因為天然的動力而全身心投入其中，推動一個個結果產生，最終目標便離我們越來越近。

相反，非自願地做事，會給自己帶來不該有的無端瑣事、沉重心情與低效狀態。長此以往，非自願處理的事務不會給自己帶來能力上的進階，也不會帶來過多的價值感和實物利益，相反，會帶來疲憊、透支、鬱悶，它們又擠佔了人生本就有限的時間。

既然非真愛的損害隱形且巨大，真愛對於做事具有推動作用，那麼我們是否可以強迫自己去愛呢？答案是否定的。真愛是自發、自然產生的，就算是自己強迫自己誤把非真愛當真愛，或是明知非真愛卻強迫自己真愛起來，我們也是進入不了真愛狀態的，我們仍舊會感到非真愛狀態中的瑣碎、痛苦、疲憊等。但是我們可以做到的是發現並接近真愛、發現並遠離非真愛，將自我的生活引入真愛的狀態。

除這個常規的方法以外，我們還有另外一種方法可以將我們自己的真愛狀態延續、擴大，那就是讓自己慢慢學著發自真心熱愛一切。這種真心之愛可以做到在看清事物具體的缺憾時，不會對它耿耿於懷甚至對萬事萬物都戴上有色眼鏡，而是跳出這些，為它們後期的向好發展預留一定空間，也從內心深處愛上它們的全部。如果我們做到了，那麼我們便已經擁有了這種大愛，便更容易將大愛轉化為真愛一切，做事時也就容易達到真愛狀態，這種狀態中自己的所有付出，都會因為被自己認可而覺得值得。

在現實層面上，這種真心做事的態度也會推動我們將事情順利解決甚至創造更新、更大、更有效的價值。相反，未達到真愛狀態的人會缺乏做事的原始動力，導致許多問題長久存在，人人都未達到真愛狀態時，做任何事對每個人來說都是不利的。

生活中，真愛一切的人很少，但是對某些事物熱愛的人卻很多，由於發自內心的愛，他們做起事來充滿激情。假如人人都找到了自己的真愛或人人都真愛一切，社會中幾乎所有人便會發自真心解決問題、創造價值，人們的勞動效率、價值總量、良好體驗都會較之前大大增加。

現實中正是因為體會、經歷真愛的機會太少，多數人會繼續在非真愛的狀態中消耗自己，時間越久，會越發感到身心俱疲，這會消磨掉他們的悟性、天性和敏感。當一個個人活力不再、眼睛不再閃亮時，社會的運轉便會越發緩慢，其中包含了人們不去徹底解決問題，反倒不斷製造新的矛盾再去解決的「無效的快」。由此，很多人所處的環境會變得沉悶，外來的壓力、要求最終會落在自己身上，這時基本無從逃脫，只能默默承受與勉強前行，更何談產生愛了。

逃離這樣的境遇是可行的，方法便是我們愛上規律，這對我們來說是有百利而無一害的。為什麼是這種方法？因為規律貫穿於一切事物，又牽引著事物的發展。無論當下遇到什麼事，它始終都是被規律牽引的，並且除它以外，其他事也被規律牽引。愛

上規律可以讓我們更容易接受、理解與探索廣博的事物，也更容易提升自己把握規律的能力，自己便更有能力解決手頭的問題。相應的，自我的認知也會提高，因為能疏通對事物的理解，身心也會越發豁達，迷惑的狀態也會被自身慢慢消解。愛本就是我們擺脫種種困境的利器，愛上規律更是可以在我們以為的絕境中為我們打開思路。而愛上規律其實就是愛上真理，愛上真理會讓我們從此樂於求知。雖說求知的道路充滿荊棘，但是愛和追求真理會幫助我們形成信仰，使得我們可以在困境中樂於求知。於是，我們的餘生會過上幸福充實的生活，再多艱難困苦也打敗不了我們，我們不會因為現實的消極就使自己頹廢。相反，我們的大腦會充滿智慧與希望，這樣的我們，概括來講就是在追求真理和享有它為我們帶來的益處。而這一切的基礎就是愛，足以見得，愛可以使人變得陽光與強大。

第三章
追求真理

人求知的原因是：求知帶給人的好處除了最終的現實利益，還有較高的把握規律的能力和由此產生的幸福感。把握規律的能力越強，就越能把控事態走向，同時越能將微弱的自己與整個世界聯結起來，也就越能掌控自我的處境，無論是心靈上的還是現實中的，這實際就是掌控人生。但是如今很多人對此沒有深刻體會，只是在追名逐利中被動地「求知」。

實際上，求知就是追求真理。真理是大道，是永恆與根本的規律，只有拋開一切繁雜事物干擾的求知才能進步更快、產生更有效的結果。求知中的快樂與求知能力提升所帶來的價值，是再多的實物利益都無法替代的。

求知並不是大眾認為的那般虛無莫測。如果足夠用心，甚至可以把剛剛發生的事件梳理出符合規律的變化軌跡。如果足夠熱愛真理，就會對生活中遇到的疑問打破砂鍋問到底，直到觸及本質。這其實就是在接近規律，也就是在求知，就連探索一個人的愛好並與他保持良好互動，也算作追求真理。

每件事背後都有真理發揮作用，我們急需解決的難題也如此，於是，我們值得保持一種沉靜、踏實的求知習慣，這可以讓

我們研究任何事時都沉下心來。研究得越多，我們的探究、思考能力便越容易提高，這能很快作用到日常生活的待人接物、調節情緒、改變境遇中。因此，主動、單純、踏實、更多地追求真理對我們自身來說，比之前做出的與此相反的行為更有幫助。

當然，掌握真理越多，我們越能發現——大道相通。這可以幫助我們快速、深刻地認知周遭的一切，也能因此控制自我的行為不對自己造成還未知曉的傷害。簡而言之，真理是容納一切事物並促進其向良性發展的底層規律，因此它是公平的。而粗淺地看，也能得知真理會轉換為萬事萬物而構成這個世界。我們尊重真理，實際就是尊重自己，也是尊重每個人。我們追求真理，實際能夠幫助自己，也能夠幫助其他人。

第一節
保持謹慎的態度求知

表象上，真理往往難以捉摸，使得假象、誤區、難題遍佈生活，這些都在時刻考驗著我們。

那我們如何能夠有效觸及真理呢？首先是讓自己以謹慎的態度面對事物，對事物下定論前需要經過自己的思索與求證。其次是我們在分析、求證的環節需要對事物進行較為精確的把握，

若我們總是習慣性地對事物存有模糊印象，我們就會將這些事物混淆不清，也就讓我們在判斷這些事物時無法得出正確有效的結論，這會熄滅我們求知的熱情。當我們屢屢受挫時，我們也就喪失了分析判斷事物的心情，使自己再也不願對事物進行分析求證，從而導致自己永遠淪陷在假象中被它支配，甚至被假象牽引去支持最終對自己造成傷害的人事物。

但是，我們自己在生活中對陌生事物進行各個角度的「測量」時，究竟要怎樣把握分寸呢？我們自己在分析時，沒有一個固定的模板，那麼，我們需要首先明確目標是什麼，然後明確各種選擇分別會帶來什麼影響。分析時有兩個方向，一個是寬泛分析，另一個是精細分析。寬泛分析時，可以設定寬泛標準，達到一定的要求，就能夠投入應用了，這會使我們在把握事物時忽略不必要的部分、快速認知事物並應用。精細分析時，把握事物要達到精細的程度，這會使我們對事物的研究速度變緩，但我們對事物的把握會更精准。兩個方式擁有截然不同的效果，也適合截然不同的情況，在分析時究竟應該偏向哪個方向更多一些？我們需要根據具體情況自行判斷。那麼，我們便要注意兩種情況，一種是在我們比較相近事物時，需要精細分析，不然，就容易因為程度上未區分到位導致認知失真；另一種是，我們在快速應用且事物不重要時，需要寬泛分析，也就是忽略不重要的部分，把握要害即可，不然過多的把握就是浪費時間做無用功。

把握事物的行為，又會反過來加固我們的認知與習慣，使得生活中我們對所有事物的分析都傾向於使用自我認可的分析程度與認知方法。因此，我們在求知時的任何行為，都可能導致「失之毫釐，謬以千里」的結果。

第二節
在生活中做研究

由上文可知，世界上任何事物的變化軌跡都遵循一定規律。我們的整體認知水平和認知每件事的深刻程度，會不斷形成互相作用的循環關係。因此，生活無小事，任何事都值得我們去研究，並不是只有在學科研究或者高學位攻讀時才能做研究。研究實際是一項親民的活動，也是一項本來應由每個人的興趣、好奇與不妥協的心理主動牽引出的行為。研究本身就是在追求真理時的分析過程，包含思考與求證過程。就連朋友之間探討對一件事的看法，也算作研究，只是我們對事物研究的重視程度和深入程度不同罷了。並不是只有提出可行、權威理論與方案的人的分析過程才是研究。

生活中，我們做出的任何研究行為都會影響我們自身，任何研究的突破都會給自己帶來便利與樂趣，如果認知出現偏差，自己便會處於思維定勢所造成的長期困境中。研究與它所帶來的影響，生活中無處不在，可以通過如下活動感受研究的作用：動手

製作與修理物品，如插花、拼圖、收納、烹飪、做益智遊戲、維修用具等；發現一些問題並陷入沉思，如植物為什麼枯萎、動物為什麼遷徙等；做涉及人的研究，如為什麼人與人之間易產生矛盾等；研究特定領域的問題，如判斷與分析一份工作是否適合自己、工作如何能高效完成、破解難題時是否可以借鑒其他的學科思維、自然界的規律起源於哪裡等。生活中的研究甚至可以推動學科認知的進步，有些是從相關信息在人的頭腦中積累開始的，再經過人的多年研究才取得成果，有些是人在經歷問題的當下就能取得成果。這是由事物的難易程度、人們能力的不同等條件決定的。

那麼我們如何提高解決問題的能力呢？我們最先需要擁有科學的態度、較全面的求知方法。

因為在解決問題的時候，不科學的態度會導致我們錯信謬論或看不清眼前客觀存在的真理；不全面的邏輯方法會使我們長久陷於困境中。只有掃除這些察覺真理的障礙，我們才能真正走在獲取真理的大道上。科學的態度之一，是追求真理時的謙虛謹慎與獨立思考。沒有調查就沒有發言權。因此，我們需要謹慎對待自己的思維定勢，這表現在不盲目下定論、不盲從、尊重事實、推理嚴謹。較全面的求知方法有：比較異同、微觀計量、剖析重組、正反推理、極值推導、設定模型、確立代表、長期追蹤、提煉公式、區域統計、假設代入、模糊估算、風險管理、流程簡化、找尋線索等。

　　求知的最終目標是人人知曉真理，那麼真理需要以能夠被人理解的方式被人吸收，因此，推動人們理解整個學習過程與吸收真理也是求知。如果一切都不經過人的大腦卻還在照常運作，那不算求知，就如在人類誕生之前的地球運行一樣。而真正的人類認知的最高目標就是全民能夠知曉與運用真理，那麼朝著這個目標前進便利於達到全人類的最大利益。

　　在大多數時候，人們基本能夠擁有科學的態度，也掌握了一部分科學的求知方法，而科學的求知方法既適用於學術研究，也適用於日常研究。為了便於瞭解這些方法，接下來會簡述它們的做法與目的。

　　比較異同是將我們有意對比的事物放在一起做比較，在比較的時候可以通過各種途徑來觀察幾組變量，事物處於靜態時，我們也會觀察到彼此相同、相似和相反的特質，這麼做的目的是確定二者的關係、探究其中一方是否在應用時與另一方有關聯；微觀計量是對事物特質進行精確測量，目的是精確把握事物在構成、變化之中的具體形態，有時可以進一步推出其他規律；剖析重組是對某個事物進行剖析，來深入認知事物，甚至必要時會重組這些部分，這時往往是在做假設或創造新事物；正反推理是一種將事件脈絡從發展前期到後期正向推導再反向推導的方法，用於驗證設想是否正確，這需要建立在推理過程零失誤的基礎上；極值推導是人們為了快速把握事物使用的方法，操作上是選取已知範圍中最接近、最大、最小的值進行推算，直到得到結果；設

定模型是人們為了研究某種規律是否按預期發展、驗證某個規律是否成立、利用規律創造新事物並驗證是否成功時運用的一種建立模型並進行模擬的方法；確立代表是為了瞭解某個對象的具體情況，選擇具有代表性的普通或特殊的單個個體或多個個體進行深入調查研究；長期追蹤是選擇特定個體或群體作為長期研究的對象，以便更加深入、全面地瞭解他們或被他們應用的事物的特徵和規律；提煉公式是為了簡便使用某種規律從而在使用規律時簡化操作，這個公式是廣義上的公式，人們交流時用到的簡短詞語也可稱為公式；區域統計是人們對某一範圍的區域做統計，目的是對這個範圍的事物的某些情況做一個整體的把握；假設代入是將某個與真實情況相近或假設的值代入到推算或推演中，以便瞭解最終結果或進一步判斷事態走向；模糊估算是為了在很多未知和難以實踐的環境中，選取接近事實的關鍵特徵和數值，將它們以更合理的方式結合在一起，並根據它們的相互關係與變化軌跡推導出最終結果的方法，往往這個結果與真實結果相差不大；風險管理是預估與消除方案在實施過程中可能遇到的各個風險的方法，這需要縝密的分析與切實的考慮；流程簡化是面對複雜事物化繁為簡的一種思維方式並付諸實踐的方法，無論面對的是已成型的難題還是捉摸不透的現象，我們都可以從把握關鍵點，忽略與目標相比不重要的部分來重新建構複雜事物，以此把握事物；找尋線索是一種在探索事物的過程中，為了更好推進我們對事物的認知，發現線索並追蹤下去的方法，一旦我們收獲了一些關鍵線索，我們就能揭開真相了。

最後我們需要瞭解求知的方法還包含許多微小措施，措施是無限的。具有代表性的方法還在不斷收集、探索之中，使用、探索求知方法也是一種求知，不能局限於已知的有限方法，並且在方法的使用上我們可以融合多種方法一起使用，或者根據不同情況將某一種方法重複使用，因此我們對於這些方法的把握需要建立聯合、全面、動態的視角，並且我們需要保持謙虛的態度。

當我們秉持了科學的態度並且掌握了較全面的求知方法之後，在處理一些信息、事物、難題時，我們便會有不被影響的底氣和較高的邏輯能力。當全民在這方面都有所提高後，認知有限所帶來的悲劇和相互對立所產生的不解會被逐一化解與消除。而在各個領域，我們也能夠有效發揮興趣、拓展認知、創造美好。這一切或好或壞的影響，都會通過具體的事件與其結果作用於人類整體，再由其他已經受影響的人通過因緣際會帶給每一個人。而在生活中，人們把握真理的能力不同，處事方式就不同，相對應的，自己所要面對的結果也就不同。

第三節
追求真理的方式

把握規律的能力提高後，我們會快速獲得物質與精神回報。最直接的是，我們因為可以迅速搞明白一件事的前因後果、關鍵

點與相關因果脈絡而豁然開朗，並且往後都不會為此煩惱。這表現在現實生活中是：有些人能夠迅速理清問題的前因後果和關鍵之處，於是輕鬆地解決了問題。但其他大多數人因為認知受限，就受困於這個問題而感到痛苦抑鬱，並且久久不能走出困境，只能強迫自己不去面對，或是使用不正確的對策，最終就是大多數人沒有從根源上解決問題。這是因為我們大多數人對「追求真理」這個問題思考過少，做得更少，不常考慮它與萬事萬物的關聯，又對此缺乏關注，更不明白追求真理的好處是什麼，因此我們對這個詞和行為感到陌生。只有當我們逐漸意識到人生關鍵事件發生、發展的脈絡都是依賴於自己把握真理的能力時，我們才會重視起來。

但對於剛剛熟悉它的人來說，提起追求真理，難免不知所措，這時需要採用有效追求真理的方式。擁有科學的態度與掌握全面的求知方法只是追求真理的基礎，一個會牽引我們追求到真理的關鍵行為是——追問。

追問就是對事物的底層邏輯不斷地探知，正是因為求知不是一件容易的事，事物經常以表面示人，這就需要我們不斷挖掘事物來探知底層邏輯，我們不應短視，也不應過早停下探索。而這樣一種堅持的行為，如果缺少對它的認可和熱愛，我們在實際操作時是不容易做到的。如今，我們逐步認識到了不斷追求真理的好處，即真理不僅利於我們更好地處理人生大事、關鍵事，還有

瑣事、隨處可見的信息，真理更能幫助我們獲取智慧與幸福，於是，我們便有了不斷追求真理即追問的動機與動力。而堅持這種追問，就需要熱愛了。

熱愛往往在我們享有追求真理的好處之後產生，沒有人一出生就熱愛一切，只有感受到了美好的激勵，我們才會發自真心勤勉力行。我們能保持追問，就代表我們認清了人類的渺小與局限，也就擁有了謙卑、單純、堅持的美好品質，這些品質都會讓我們在面對錯綜複雜的信息時，不再盲信盲從與狂妄自大，也就使自身離真理更進一步。實際上，真理就是疏通我們認知、促進事物發展的利器。只有熟悉了它，才能主動推動自我認知提高和事物向更美好的方向發展。僅僅追問與認可它的價值，我們就能獲益。

可是，一切的收獲都是我們通過一定的行為而獲得的真正屬我們的合理結果，無論利益多與少，對於我們自身來說都是恰當的。親身經歷過追求真理，我們才會真正理解其意義，當我們自身成為真理時，我們便成為了宇宙所有事物中公正、恰當的存在。

第四章

人 性

　　人本身就生活在規律之中，無論是欲望還是做事的動機，都符合人性。從這個角度看，我們本身屬規律、被真理牽引，真理便是大道（永恆與根本的規律）。當我們由原始人性覺醒為懂得追逐大道時，我們才是具有真正主觀能動性的智慧人類。這時，我們便能堅定地說，我們成為了真理，我們便具有了積極意義。

　　實際上，無論果的好壞，它完全由對應的因產生，因而一切都是公平的存在，從整體上看，一切是具有積極意義的。而人類具有的人性包含一切，外界誘導與自身開發什麼便產生什麼果。而未經刻意開發，通過人與人隨機、互相地影響而引發的與自發的人性，也就是原始的，即不經過自身調節的人性，會牽帶出或好或壞的果作用於人類自身，又通過各種關聯帶給其他人，有些隱匿的傳播與影響我們難以察覺到。

　　我們自身被自己的人性拿捏，同時也被他人的人性拿捏。一切罪魁禍首也是人類人性中的某些部分，它們促成了人類的衝動與蒙昧，但是隱匿性和複雜性又廣泛存在於每個人的人性之中，瞭解人性就存在許多困難。但是若找到了探知它的途徑，就可以瞭解人類社會運轉的規律與自己將如何自處、辨析外界帶給自身

的究竟是利多還是弊多，一旦我們做出正確的判斷，我們最終便可以趨利避害、遠離悲劇。

因為人性中自帶了一些特質，如：貪婪、懶惰、消極、從眾、自大、衝動已被證實會使人得不償失、悲劇連連。辨明人性並付諸實踐，以達到趨利避害，才能說我們人類是真的覺醒了。這時的我們，會認清與人有關的一切事物真正帶給我們的是什麼。一切都在陽光下，但光芒不會再傷害懵懂又罪惡的人，反而會讓每個人都理解彼此所有需求的合理性，並積極認知與補足自身的缺憾，進而能更好疏通自身的人性、探知獲利方式和調節自身情緒，我們也就能進一步收獲作為人最大的利益——長久的幸福。

第一節
誤區：評判時的不良慣性思維、爭鬥

人生中，我們做許多事都是未經思考的，是由原始的人性、人性所產生的習性以及被他人影響後所產生的潛意識推動的。於是，人類社會中不美好的事物便屢見不鮮，甚至在不知不覺間，我們自己會為世界製造不美好的事物。其中有兩類常見又值得被人關注的誤區：人對一切事物評判時的不良慣性思維和人的爭鬥。這兩類行為給人類社會增添了許多不必要的傷害、引發了一場場悲劇。但是我們如果看穿了前因後果，也就看清了全域的利弊，甚至會感到這類行為的幼稚。

　　我們在評判時，如果沒有特別清醒的意識，基本都會陷入一種慣性思維誤區，便是把自己帶入別人的人生。我們往往將自己的經歷、自己的能力、自己認可的觀念與喜好、別人經歷的但經自我消化與記憶從而產生的觀念，帶入到別人當下經歷的某個事件中，看不清別人是別人，與自己不同，也看不清動態的人生還在發生變化，更看不清各自經歷的一切又是如何互相影響的。於是，我們對人們的評判就會深深烙下某一時段的自己的印記，而且印記中更多的是牢不可破的偏見。這本身還是由於人們容易在固步自封的時候自我膨脹，沒有以謙虛的態度追求真理，更沒有形成追求真理的意識。我們將更多的偏見錯放入各類人事物中，製造出更多的迷局與困局，這又會進一步引起傷害他人的悲劇，那麼自己大概率也會承受來自他人的此類傷害。最終我們自己因為固有、天然的偏見，而無法做出準確的結論。此時，無法看清別人對評判者來說好像沒有什麼影響，其實不然，這種偏見會反作用於自身，這些失實的思維活動、結論會加固自己的錯誤認知，並且這些思維活動會成為思維定勢，造成此類事件一次又一次地發生，使自身在不正確的觀念中沉淪而不可自拔、不可覺知。這樣的自己在今後所有判斷中都會傾向於獨斷、失實，使得事態發展不可預料、不被控制，而結果往往是自己要承擔不可挽回的損失。簡單的評判帶來了如此的影響，我們便可以選擇不評判、尊重每個個體的合理性，若感興趣再進一步探知。

　　另一個常見的誤區就是人的爭鬥。人渴求得到利益的最大化，以為爭鬥可以達此目標。但我們通過「擺脫外在欲望的陷阱」的內容就能漸漸理解：人在陷入不斷追逐利益最大化的執念時，得到的就已經與目標背道而馳了。而人們又是為何自然而然就會選擇做出爭鬥的行為呢？是因為人們逃不過三種天然的動機：最大程度發揮自我價值的天性、膨脹的佔有欲、逐利的天性。我們在分辨出最大的利益不是一直追逐利益從而獲得的更多資源，而是感受幸福之後，就會轉而反思這三種不自覺就擁有的動機。

　　其實，最大程度發揮自我價值並非一定要通過爭鬥來滿足，相反，共贏相比零和博弈棋高一招。爭鬥帶不來自我價值，反而暴露自身愚昧，甚至給雙方都帶來慘劇。而最大程度發揮自我價值這方面，最值得去做的就是獲得更多智慧、提高自身的認知能力，讓自身能夠源源不斷地創造價值，而不是佔盡外在有限的資源。

　　膨脹的佔有欲純屬是無端生事，因為佔有再多的資源，最終也僅僅是滿足了生出的欲望，通過消耗這些多餘的甚至是獲取途徑不光彩的資源而獲得的快感，是微弱到可以忽略不計的，而且在爭鬥時還難免使自己受到傷害，這實在是得不償失。

　　而逐利的天性，可以在物質獲取的早期促使人類快速發展，但隨著社會的發展與文明的進步，人類對於利益與世界有了新的認知，過往爭奪有限資源的行為已經為單個個體或人類群體創造

不了多少價值了，那麼我們應該追逐源源不斷的事物，而不是追逐幾近枯竭的事物。

當我們分辨了一切利害關係時，我們就會把目光投放到更值得的事情上，並為此做出努力，我們便會得到理應得到的真正的幸福、規避別人的爭鬥行為所帶來的風險。

第二節
關係中的規則

人性時刻都在發揮作用，要麼是我們被人性牽著走，要麼是我們牽著人性走。人性使人擁有天然的做事動力，有時我們可以將這股動力引導到美好又多利的事情上，並非要完全壓制它，壓制的行為因為不被自我接納而無法見效。這表現為很多人在迷茫期，對自我行為強加調節，只會使自己更加痛苦。這般情境就發生在我們與親人、友人、愛人的情感關係中。實際是我們與任何人在受人性支配而產生矛盾後，不但沒有使用有效解決問題的方法，反倒強行壓制自己的某些行為，使得彼此都深陷痛苦中，這樣的事屢見不鮮。這時，只要我們瞭解到一切人與人的矛盾都是如何爆發又是如何被消解的，我們就能掃除許多不必要的矛盾與悲劇，而直接享有祥和與幸福的生活。

　　那麼人與人之間是如何爆發矛盾的呢？矛盾又會被如何消解？這一切到底遵循著什麼規則？其實這一切都遵循一個規則，一切傷害禍事都來自於「虧欠」。因為雙方感情是需要平衡的，打破平衡是激起一切矛盾與痛苦的本源。在感情關係中的有些人，是比較自我的，可以無視彼此感情關係的平衡，而任意破壞它，做出一些事使彼此的投入不對等，使自身處於虧欠的位置，或是彼此都破壞平衡，互相淪為彼此的虧欠者與索取者。一旦虧欠產生，自我的一方會繼續做出自私的行為使虧欠越來越多，而被索取的一方，其心理會越來越失衡，於是，互相之間的矛盾愈演愈烈。難以處理的情況是：雙方都打破平衡，從而使虧欠產生，卻看不清自身行為是如何推動事態發展的，從而導致任何一方都無法主動彌補虧欠，以及一些虧欠的細節被雙方遺忘而無法直接有效解決矛盾，這又會使雙方徹底的重歸於好再無可能，而往往這一切的結局是兩敗俱傷、慘淡收場。很多關係就這樣崩壞了，其中，有些人甚至在傷害彼此的時候就做出了過激的事而造成了難以挽回的損失。

　　那麼，當我們已知人與人關係的規則後，應該如何有效規避矛盾呢？這時，我們每個人就需要學會拿捏與人相處的分寸，與任何人都保持不過界的關係，也就是不侵犯他人，更不要傷害為自己付出的人，如果傷害了他們就要及時彌補。針對讓自己虧損又不知彌補的人要及時疏離、及時止損，防止他人繼續傷害自己，也不必前去討回利益與公道從而製造新的事端，因為每個人都無

法知曉陷入虧損、傷害中的人會做出多麼過激的行為，我們要做的是：不要讓自己成為過激事件的靶心，以此避免自身遭受到最大程度的傷害。有時，一些智慧的分析、平息與彌補，就直接解決了問題，也就阻止了後續痛苦與悲劇的發生。

如果一個人足夠智慧與謙和，他不僅不會虧欠別人，還會分享給對方更多利益，其中包括有形的資源與真心的關愛。當然，我們不必一味放縱索取者無限索取與肆意妄為的行為，若索取者影響了足夠多的人，受害者就可以聯合更多的人對抗索取者，這就大概率會使索取者付出相應代價從而達成公平，而只有真正的公平才會帶來長久的平和。相信如此行事的人，除遇見個別不可控的極端事件之外，即便他們遇人不淑，也不會釀成悲劇。

第三節
突破弱點

如上文所述，人與人在相處時，有一個不被言明的規則一直在發揮作用，那就是一旦與他人的關係產生虧欠，就會使自己陷入糾紛、悲劇中。如果我們對此擁有了認知，就可以提前與主動把控自己的處境。於是，提高我們對人性的認知便很有必要，人除向外認知規律以外，還要認知根植在每個人內在的規律，比如人的弱點，它們會伺機發揮作用，而每每它們發揮作用的時候，

就會對自身產生一些不好的影響，但是這些弱點不會無緣無故地顯現。一旦我們遵循了規律，就可以使它們看起來像消失了一樣，但是不要盲目樂觀、放鬆警惕與放棄努力，因為它們一直都潛伏在我們體內伺機而動，化解了一時顯現的弱點卻不能將它們徹底消除，只有通過將自身狀態調節到最佳才能壓制它們而達到變相消除的目的。

那麼，我們應如何知曉這一切，並將自身狀態調節到最佳呢？人的弱點不像表面看來的衝動、懶惰、嫉妒、貪婪這般，好像歸因到盡頭了，實際上，它們在發生時才會展現出來，它們在無形時，只是潛藏在每個人體內的種子，遇見了破土而出的機會才會顯現。機會相比較種子更值得被重視，這些讓它們破土而出的機會才是我們需要關注與調節的。這些機會，也就是我們自身的一些不良狀態，它們就是：認知的失誤、自我價值的迷失、非真愛。認知的失誤所帶來的弱點如短視、傲慢、自戀、消極、從眾、幻想、猶豫、多疑、衝動、貪婪等；自我價值的迷失所帶來的弱點如自卑、嫉妒、攀比、懶惰、自閉等；非真愛所帶來的弱點如虛弱、害怕困難、缺乏自制力等；而在求愛的過程中，認知失誤的狀態疊加非真愛的狀態會帶來佔有欲爆發。為什麼佔有欲也是一種弱點呢？因為不當的行事狀態會催生它，而它往往會帶來事與願違的結果，要麼是佔有欲讓我們追逐不到目標對象，要麼是佔有欲讓我們追逐到了也不能感到滿足。比如，男性的佔有欲讓自身具備超強的目標感，功利心重到想要即刻得手，而這個

狀態下的自己，直接阻礙了真愛的自然形成，並且給目標對象帶來強烈的壓迫感，那麼目標對象大概率會逃離，這樣，最終自己將難以得到目標對象。但是身處真愛中的人卻不一樣，他們會給彼此留下足夠的尊重與讓一切人事物得到發展的空間，也就能夠真的打動對方和使自身進步。上述弱點中，還有一個值得被人關注，便是貪婪，人們關於貪婪的認知誤區是只要它能給人帶來物質利益它就是對的，但實際貪婪的形成是因為人的空虛，也就是自身處於始終都無法滿足的狀態。這時我們再貪婪下去，自身各方面如精力、錢財都會被無限消耗，並且因為我們不從空虛的根源上解決這一問題，空虛便會不斷發生而無法停止。自身貪婪的最佳解決方式就是：找到並得到真正可以滿足自身的事物，能夠辨別哪些事物實際本不是自身所需的。如此一來，我們會捫心自問各種事物是否重要到值得去追逐，當自身經分析判斷從而找尋到了真正的價值時，也就變相把使人不滿的事物從虛妄轉變為產生價值的存在，一旦得到了有價值的事物，就能夠使自我滿足而不必持續消耗下去了。

總體而言，這些弱點就是我們不良狀態的果報。而這一切與自身最為密切，自身擁有人性弱點的行使權、解釋權與評判權，同時也為此承擔一切後果，其他人沒必要評判與己無關的此類事。

在這個基礎上，有一點適用於所有人，即擺脫不良狀態、將自己調整到最佳狀態是對自己最有利的，那麼，我們需要達到有效認知、自我價值的充分發揮與真愛的狀態，我們明確了重點，也就能夠有效突破自身的弱點。

第四節
阻隔惡

隨著認知的提升，我們逐漸能夠意識到，人性中有一類需要我們去控制，它使人猝不及防就受到傷害，並且人們對它的傷害認知不清，它就是惡。之所以猝不及防就受到傷害，是人們普遍沒有重視對它的認知與阻擋，從而使它輕鬆、隱秘地入侵自身。而我們對它認知不清的地方就在於，我們往往認為它對自身沒有傷害而只對別人有，實際卻是，一旦施惡，自己是第一受害人，並且還會受到他人的惡所帶來的傷害。

那麼，惡是如何傷害我們的呢？我們放任惡侵襲自身後，就會擁有可能對一切的惡意，擁有惡意後，我們便不再有耐心和興趣認知相關事物，在探索世界與獲取真理方面會逐漸喪失興趣與能力，生活中會錯把謬誤當方法，錯把朋友當敵人。長此以往，我們會忽略與扭曲真知，作用到自己就是越來越無法把握事物：因為算計不到位，在實施惡意時會不順暢並且暴露心思；更無法動用真知找到解決問題的辦法，而長期受到各類問題的困擾；同

時我們自己的情緒和心理也會因為被惡侵襲而變得動蕩、陰鬱、割裂，我們在感受生命的美好方面會大大縮減感知範圍，很難擁有單純與感動的內心，最終對越來越多的事物喪失發自內心的興趣，變得不易感覺到愛與幸福，相當於提高了幸福快樂的閾值；並且因為我們對惡不加控制，它會不斷生長，使得我們的惡意越來越多，對外會表現出越發明顯的敵意與自私，並且對外做出越來越誇張的忽視、傷害、摧毀他人與掠奪資源的行為，也因為自我的膨脹與真知的缺失，我們會理直氣壯、明目張膽地做出損人利己和害人害己的事而不自知，進而還會做出更多令人匪夷所思的事，便是讓不加控制的惡意肆意竄行，這會導致我們越發控制不了自己的認知、情緒與心理，繼而，我們的認知範圍不再擴大、認知系統紊亂、心理狀態失衡，最終變得面目全非、長期痛苦卻又無能為力。

而現實中，這樣的人會在認知與獲取幸福方面成為淘汰者並且四面樹敵，他也會為了不必要的糾紛、判斷失誤而屢屢買單。具體來講就是，認知方面因認知的缺失而容易被反對與取代，獲取幸福方面會錯失所有機會，如缺少真心人相伴與深入的感情，並且因為生命無時無刻不陷入如何發揚惡而奪取利的漩渦，也就失去了真正可以享受生命的時光，這些是再怎麼包裝也無法改變的事實，反倒越包裝越會為身心的割裂而感到痛苦。這樣的痛苦又會因為選擇善的人的增多與聯合而加劇，因為選擇惡的人不斷擠佔大多數人的利益，也將為對抗他人的阻力、失敗、他人反過

來的傷害買單卻無能為力，但是往往他們到最後都不知道到底是哪裡出了問題。放任最初小小的惡意，卻演變成如此失控的局面，就是因為選擇惡的人不清楚自己做了什麼，這些行為具體又會帶來什麼。

但一個人不選擇惡就要選擇善，選擇只在一瞬間，因為每個瞬間都可能成為選擇期，我們便需要儘早做出選擇。而這需要我們的真心理解與認同：惡是非理性、摧毀性和製造問題的；善是理性、建設性和解決問題的。認同什麼相對應就會選擇什麼，當然，平常生活中有些善意也會帶來傷害，這並非就是惡，只是愚善，那些自私自利的企圖毀滅他人的念頭才是惡。

而生活中就是惡與愚善這兩類事物是自己困住自己的。意識不到惡與愚善的危害，不理解善的價值，就永遠不能發自真心擺脫困境，這個困境歸根結底是人感受上的困境。人，無論對外表現出什麼模樣，掌握外界多少資源，都要憑藉實實在在的內在感受過完一生，任何外在產物都是通過轉為內在感受而發揮作用的。對於人的內在感受來講，善的益處遠遠大於惡，惡會帶來越來越糟的體驗，而善不僅會擺脫這些，還可以產生無窮的幸福體驗，選擇與堅持善的每一秒都是幸福的，這來自於利人利己與大愛的即時回報。

當我們真心地拋棄惡而迎接善時，我們就需要使用有效的方式，以達到這個目標。探知拋棄惡和迎接善的有效方式，需要兼

顧惡侵襲的特性與迎接善的最佳方法。惡容易通過他人的傷害、輿論的影響等侵入人的意識，而往往人們不以為然，從而對它放行，於是就難以阻止它的再次侵襲，它便會在人們的意識中生長壯大。那麼，遠離惡的方法就是要堅決與它對立，而不是成為它。比如，我們受到了別人惡的傷害，就要堅決與惡作鬥爭，明確惡是罪魁禍首並與它勢不兩立，絕對不要被表象迷惑而選擇成為惡再去傷害他人。這樣，我們討厭的、會繼續傷害自己與他人的惡就不再留存與囂張。理解惡容易進入思緒不清的人的頭腦，也就理解了真的「敵人」不是人，而是我們難以看清的惡。而每個人都在成長，如果我們都意識到了最好的路是什麼樣的，也就自然會選擇它。如若做不到拋棄惡而迎接善，也就只能一輩子與惡相伴了。

當我們清晰地認知到拋棄惡的有效方式是「堅決與惡對立，而不是成為它」後，我們就需要瞭解迎接善的有效方式，這便是「培養由衷的浩然正氣，杜絕惡的侵襲」和「理解與成為善」。如果我們沒有培養自身形成浩然正氣，我們很難讓自己與外界、與真理相融合，理解都已經是難點，更何況身體力行去堅守。在我們一無所知的時候，就是憑著正氣推動我們不斷求索、不斷找尋解決問題的最佳路徑，這時，我們不會對問題及造成它的惡妥協，我們會在蒙昧中築牢攔截惡的網，這個網成為了迎接善與阻擋惡的最強助力。

　　如何培養浩然正氣呢？我們可以通過學習歷史偉人的事跡並換位思考來培養。當我們理解了前人為什麼在一片阻力與迷茫中堅守某個向善的信念時，我們就發自內心接受了善的洗禮，我們也因為理解前人的智慧與追求而對其產生尊敬與嚮往，他們的選擇，是一種智慧的善，不是那種害人害己的愚善，這樣的愚善不值得人們去推行。我們自然要選擇利己也利人的路，這條路不需要付出鮮血的代價，就可以給所有人帶來幸福，當我們理解與成為善時，進而就形成與加固了我們的浩然正氣。這時的我們會對這類向善的事物產生由衷的興趣並為此努力，比如幫助眾人在迷惑中探知真相、為人類更好的生存創造條件、關愛抑鬱與迷茫的人、將愛帶給更多的人等，而這些行為是自發的、持續的。

第五章
療　癒

　　生活中總有惡意襲來，我們總有走不出別人與自己的惡所帶來的傷害的時候。惡可以帶來傷害，愚善、認知的迷茫與不順也可以帶來傷害，而被傷害的自己會陷入抑鬱與混亂的境地。此時若我們想通過思考擺脫不利境地，又常常會一遍遍陷入理不清的思緒與抱怨中，這時我們的心理生病了。

　　就像人的身體生病需要恢復一樣，心理的疾病也需要得到療癒。可是怎樣才能得到療癒呢？如果不從思想與行動上積極對抗病因、從感受上弱化與消解痛苦，那麼心理的疾病將難以治癒。此時的生命，每一秒都在倍受煎熬。

　　瞭解了疾病與療癒的本質，進而積極地化解了問題，我們便不再畫地為牢。這時所有療癒的方法都必須經過自己發自內心的認可，不然，別人再怎麼做都無法使我們真正痊癒。並且，生活中的一些酸楚也只有自己最清楚，也可能只有自己一個人清楚，此時我們需要學會自我療癒。因此，這方面我們需要變得獨立與自強。

第一節
療癒的方式

　　我們在面對他人的傷害、面對不如意與未知的恐懼時，需要自我療癒，那麼我們需要剖析這些負面干擾、認清背後的原理。剖析的目的就是驅逐心理疾病，也就是從思想與行動上消解病因。只有自身從源頭上控制自己的意識與行為，才能讓自己不易被他人影響、讓自己凌駕於傷害者之上看待一切。這時我們的眼裡不再只有他們，而是可以裝下所有錯綜複雜的關係與一切事物運轉的規律。

　　自我療癒的方式就是不斷思考並踐行。照此行動，我們就會逐步瞭解到行為背後的初衷，也會洞察到事物背後的真相，繼而能夠發現什麼樣的初衷推動什麼樣的事件再帶來什麼樣的影響。而這時，我們即使捲入一些傷害、預謀、不公甚至悲劇中，也能輕易找到解決辦法並與自己和解，再進一步與他人和解。這些和解不會讓自己繼續陷入痛苦與糾纏中，而是讓自己快速撤離不好的境地。這樣不僅讓當下傷害所造成的影響快速減到最小，也能讓接下來的傷害難以發生。

　　生活中的動盪不經意間就會來到每個人的身邊，這是各種因素交織與推動的，因為因素的繁雜與隱匿，往往只有當動盪來臨並帶來不良影響時，我們才會發現與開始解決它。可是通過思考，

我們的認知會逐步提高，我們就能如上所述把握自己的人生，起碼在傷害來臨時可以快速將自己帶到安全的境地。

一個更好的結果便是，自己能夠去影響這些社會中複雜與隱匿的不利因素，而且當人人都參與進去的時候，正義的力量就會壓倒邪惡。可見人們紛紛提升認知是多麼重要。提升認知既可以調節自身，也可以維護良好的社會環境，而良好社會環境又會為自身帶來益處。這時，就算我們只是為了自身利益而參與認知提升、維護環境，也會為別人帶去幫助。因此，當人人都把自我療癒做到極致時，也就是當人人都在不斷思考並踐行時，社會環境的「病」就會被一一療癒。

第二節
接受更廣的藝術形態

上文講到了治癒心理疾病的方式之一，除了從思想與行動上積極對抗病因，也就是不斷思考並踐行，還有從感受上弱化與消解痛苦，而有時，這一方式還可以促使自己主動思考與踐行，該方式就是「藝術」。藝術是具有療癒作用的，我們在創造藝術與享受藝術的過程中就能得到療癒。接觸藝術的時間越長，也就越能得到情緒的疏解、情操的陶冶、思考的透徹、自我的完整，感受到來自他人和自己生命的美好。這就是藝術的價值，也是藝術的由來。正是因為藝術具有強大的療癒作用，人心理上的部分問

題就能夠被藝術逐漸消除。只要藝術給自身帶來了療癒、陶冶、洗禮、享受，人們就會愛上藝術，會用一生去追求藝術。也正是由於人們孜孜不倦地追求藝術，持之以恆地搜尋與表現創造者、接收者本身的美好，藝術品也就逐步達到了高水平的技藝與驚人的美感。

於是，今天的人們才把高技藝與美作為我們這個時代對於藝術品的一般概括。當我們瞭解藝術起源與作用時，我們就能夠理解，藝術並非只是藝術家在大成時候的專屬，而是我們每個人都可以做的實踐活動。而在這個活動中，我們探索出的任何被自身或一定範圍的人所運用並享有的藝術便是更廣的藝術形態。也正是由於世界上越來越多人的參與，為我們打開了瞭解廣闊世界的窗口，使我們能夠看見世界上更多人事物的美好，這一切都是廣博藝術形態所帶來的療癒與更多益處，這些更多益處可以讓我們脫離自身經歷的狹隘、不該有的困惑及傷害，並且可以讓我們煥發自身更多的美好品質，使自己成為一個更有魅力的人。

更廣的藝術形態究竟是什麼呢？實際就是能夠讓我們得到情緒的疏解、情操的陶冶、思考的透徹、自我的完整與感受到來自他人和自己生命的美好的一切實踐活動及產物。如烹飪與製作影片等實用性創造類活動、閱讀寫作與演講詩歌等觀念表達類活動、繪畫攝影等體現自身與世界美好的創意類活動、交流與協調等通過理解判斷來解決問題的引導類活動、設計策劃與發明創造等展現與運用思想智慧的智力類活動等。

　　藝術的價值在於其對人的廣泛、有效、徹底、永久、及時的療癒作用，而不僅僅是經濟作用，過於以經濟價值衡量藝術反而阻礙了藝術發揮它的價值。過於狹隘的經濟衡量標準會忽視廣泛卻有效的藝術品與藝術活動的價值，而這正是由於日常生活中更多藝術品與活動在創造的當下就發揮了作用而被人忽視。我們若想迎接更廣的藝術形態來到我們的生活中，就需要放下那些過於單一的評判標準。從自身經歷開始，用藝術活動為自我療癒，逐步理解與接受它們，就可以逐步實現情緒疏解、情操陶冶、思考透徹、自我完整，成長為一個擁有更多美好品質的更加有魅力的人，並且感受到來自他人和自己生命的美好。

　　而我們進一步參與和接受更廣的藝術形態，從而看到自身局限性後，也就能放下不必要的傷害，成為一個更加完美與完整的人，從而達成藝術的根本目的，也就是在緩解痛苦的基礎上，消解無知與不必要的傷害所帶來的痛苦，以及無知與傷害本身。

第六章
自我價值

　　個人蒙昧所造成的不解與無能，乃至外界帶來的傷害，可以被自我思考與自我療癒消除，但是集體蒙昧所造成的普遍性矛盾解決起來卻要費勁一些。集體的蒙昧會形成不良的集體環境，而這樣的環境除引發摩擦與衝突以外，還會在一些與我們息息相關的決定性事件的形成與發展上製造過多的阻礙。比如人們發揮價值獲得報酬方面，一出生便一無所有的群體，是很難突破已有障礙而獲得普通資源與發揮自我優勢的。諸如此類的問題會使我們多數人成為一口枯井。其實，我們自己明明就是源源不斷的活水，是可以被不斷挖掘（持續性）、具有頑強生命力、自主性、創造性與可塑性的資源，而並非只是付出一般智力和體力的勞動工具。

　　而在社會問題方面，我們並不只是問題爆發後的問題解決者，我們還是問題製造者。因此，在創造利益換得幸福感的路上，我們最大的價值在於能夠使自身的生命力、自主性、持續性、創造性、可塑性等特性得到發揮，並且在人為問題激化前就解決了問題。在與此相關的人類價值方面，由於我們對於真正的解放，也就是隨心所欲地發揮生命價值和獲取樂趣方面缺少深入探索，我們在經濟發展膠著期的如今還不能下結論為：人類的價值就到

此為止了。相反，有太多價值等待著被我們發掘，而這些發揮潛能的勞動，不是價值微小與自娛自樂的，而是可以滿足人們共同需求的，這樣的生活體驗正在向我們招手。

對我們來說，這些並不是無法憑藉個人力量解決的難題，而是可以暫且擱置的社會問題，我們需要先盡力解決個人所遇到的問題，也就是幫助自身走向發掘更大價值的道路即可。其中包括，相信自己的優勢和潛力，並通過有效的途徑實踐、訓練與創造價值，從而實現真正意義上的自我價值。

第一節
實現自我價值的方向

真正意義上的自我價值究竟是什麼？是天方夜譚嗎？上文我們展望了自我價值，發現社會目前還未達到每個人發揮自我價值的理想狀態，而現實中發揮自我價值的外部環境是否需要改進？改進又是否具有實操性？實操的成本與難易程度如何？當這些問題都得到利於自我價值進一步發揮的答案後，那麼開篇這個問題就可以回答了。

探討自我價值的發揮問題，繞不開我們如何衡量與評價自我價值的發揮，所以，接下來我們需要瞭解，如今自我價值是如何被衡量的，又是如何被發揮出來的，是否需要改進。如今，我們

的價值由謀生途徑和金錢回報作為通常的衡量標準，卻忽略了此類標準也只是人創造出來的產物。既然是人創造出來的，我們卻對於它們的來歷很少說起。如今，所有的謀生途徑和商品都是手握資本的人或他們授權的人（以下簡稱資本決策者）首先創建出來的，所有參與者也是他們按照一套邏輯製造、選拔與培養出來的。那些可以變現為財富的人事物便是商品，而為所有制造出來的商品買單的是所有人。由此我們往往認為：能夠促進金錢流通、變現的商品是有價值的。卻還沒有看到，投入市場的事物不是完全純天然與自然形成的，而是由操控它們的人，即資本決策者規劃與製造出來的。因此，市面上商品的價值都是這些資本決策者優先賦予的，也就是市場上所有的價值最終來自於資本決策者，我們消費他們製造的產品來滿足自己的需求。雖然說資本決策者之間的競爭關係有助於使商品貼近人們的需求，但也不能說商品的價值就完全來自於人們真實的需求，只能說，資本決策者在競爭中打造逐步趨近於每個人需求的商品。但是，由於每個人的需求不可能完全一樣，商品最終形態和其價值便需要貼合一個平均水平。每個人在消費中也習慣了選擇較優的，而不是選擇一個完全滿足需求的商品。由此可知：打造更能滿足人們需求、更有價值的商品還在進行中。這也是人發揮價值的空間。我們清晰地看到，金錢回報的價值衡量標準主要反映的是資本決策者的能力與價值，間接反映的是在這個過程中被發揮出來的勞動者的價值。因此，以金錢回報衡量每個人的自我價值還不夠貼切與準確。而謀生途徑因為完全由資本決策者搭建，其他參與者是否光鮮與穩

定，取決於決策者的想法。因此，寄希望於獲得謀生途徑不過是人們在謀求心理安慰方面的一場冒險，以謀生途徑來衡量自我價值是虛無的。那麼，當下衡量自我價值的常用標準，即謀生途徑與金錢回報是沒有力度的。

因此，我們需要重新探索衡量自我價值的標準。那麼，我們需要反思幾個問題：自我價值的衡量標準應是什麼？自我價值的發揮方式是否需要改進？而改進的方法是否具有實操性？目前社會上的總價值是在資本決策者帶領商品製造的過程中產生的，也就是在人類社會各行各業打造商品的過程中實現的。資本決策者擁有商品相關的一切決策權，也就擁有建立謀生途徑的決定權。我們大多數在各行各業中謀生的人，早就被安排好了應該做什麼事，就連人們發揮自我價值的空間也是他們在檢驗與測評後給出的。因此，自我價值的發揮目前是受限的，假如資本決策者有著某些偏見與不足、私心與欺壓，那麼就會直接導致人們本應發揮出來的價值未能發揮。當然，資本決策者會儘可能給自己謀求利益，一切失誤的最大買單者也還是他們自己。而偏見與不足無一例外伴隨著每個人，投資決策者也會或多或少存在著失誤，那麼，自我價值的進一步發揮便會受阻。

目前產業的形態是由資本決策者牽引的。他們推動和引領了產業的形成與發展。而目前生產製造中的生產資料是稀缺的、技術是專業的，生產則需要由專人進行，資本決策者便領導了這一切。但如今，各方面門檻在逐漸降低，市場中無法被模仿的商

品越來越少。當社會可以為我們提供資源、生產工具，以及生產技術被突破的時候，行業的壁壘就會被打破，同質化的商品就會充斥市場，那麼資本決策者的領先優勢就會喪失，更多能夠開發與製造相關商品的經營者就會湧現出來。如今，越來越多的人運用智慧推動著這樣的轉變，越來越多能夠滿足需求的產品紛紛誕生，原先人們所不曾發揮的價值得到了發揮。未來這種人們發揮價值的行為仍會繼續發生，更多人發揮聰明才智的行為衝擊了原先的產業模式，以及固化的形態、觀念、經驗，那些沒有發揮聰明才智或只是動用有限經驗的人群便容易遭到淘汰。無形中，發揮聰明才智的人與沒有發揮聰明才智的人之間形成了博弈關係。

由此，自我價值應該被這樣衡量：可以取代資本決策者和淘汰者（也稱經驗者）的能力就是自我價值。那麼，以變現為前提獲取生產資料與生產工具、突破生產技術、消滅決策失誤就是自我價值。如上所述，自我價值的發揮方式正在改進，改進也就具有實操性與現實性。

當我們看到了發揮自我價值這件事具有實操性與現實性後，實現自我價值的問題便可以被討論了，那麼實現自我價值的方向是什麼呢？我們已知取代資本決策者和淘汰者的能力就是自我價值，也就是發揮聰明才智最終使人受益便是發揮了自我價值，其中，思考與認知的困難是最應被率先解決的。因為若一開始我們就決策失誤，其他的行為不僅成功不了，還會成為無用功使我們在未來很長一段時間裡都陷入困境中。因此關注認知的提升、才

智的充分發揮、消除認知的低級偏頗、儘可能動用腦力解決問題就迫在眉睫。

按照這個趨勢，人類的自我價值發展下去，就必定會迎來人人具有生產決策能力的一天。而這時，人們許多需求直接被自己解決了，需要花費大量時間精力的事物才會向外索求。那麼，我們可以以此為標準檢驗自我價值發揮得如何，就是評判自己的需求是否能被自己解決而獲得滿足。接下來就是跳出自己的偏好與需求，檢驗自己是否可以解決其他更多人的需求。那麼自我價值發展的方向就是培養自身取代資本決策者的能力。而這可以從滿足自身的需求開始，在這個過程中，我們應通過提升認知幫助達成各方面的成功。

雖然從社會總體上看，個人發展的方向是如此，但是具體到每個人時，個人的發展又是什麼樣呢？也就是發揮自我價值時，每個人應該怎麼做呢？世界上所有規律如果一早就被人類掌握，人們也就不需要長期求知與分工了。而這一切都在發展中，我們每個人生下來就處於不同的環境中、自帶著不同的特質。對於每個人來說，環境與特質就是發揮價值所需的性價比更高、更便利的資源。我們需要專注於瞭解自我，為此堅定信念也至關重要，只有一直堅持下去，才會看到自身真正的價值在何處。不然，早早的妥協與放棄，相當於早早就放棄了自己的未來。我們如今知道，被掩蓋特質的自己在世界上十分渺小與微弱，如同普通的工具一般，隨時都會被其他人或人工智能替代，於是，我們只能默

默忍受許多的不如意。實際上,拋開外在環境的問題,自己本來可以發揮價值的地方卻被自己埋藏,這是極大的損失。

如今,我們需要重新審視與利用自己,並且將自己的特質與整個世界相連,為真正有價值的事做出努力。而金錢回報都是基於價值的發揮而產生的,除了金錢的回報,當我們挖掘並使用自身價值的時候,我們便已經感到了充實與幸福,那麼,憑藉金錢引導的發揮自我價值的道路還沒走完,我們便已經獲得了幸福,金錢也就僅僅成為了一串數字,發揮價值才是人生最重要的事,而人在發揮價值方面天然就充滿動力。

找尋與挖掘自我價值,就在堅實的每一步中走向豁達。個性、興趣、從小認同的理念、直接表現出來的特長都是我們瞭解自身價值的通道,這些也正是我們生之為人的價值,它外在裝點了人類的豐富性,內在拓展了人類的可能性。每個人按照自己的道路走下去,在行進的路上便收獲了生命的意義與身心的幸福。這一切因為發自真心與順隨天性,我們才會充滿動力。隨著我們付出的越多,個人成就也就越突出;相反,任何與個人特質做強烈對抗的行為,都會直接給自己帶來痛苦,時間越久,痛苦越深。

人類在各方面勤奮進取,也只是為了讓自身安心地生存與幸福地生活下去,不然生命的意義也就蕩然無存。這一切也就是自然公正的「道」。我們每個人越是理解一切規律的公正有效與自然而然的魅力,也就越能做到真正的天人合一。此時,沒有任何

人事物是自己的敵人，一些不合理的事物也不足以成為我們做事與獲得幸福的阻力。這時我們不難理解，對於我們個人來說，實現自我價值的方向就是把自然公正的「道」發揮到極致，並且儘量讓自己避免走上與此相反的「彎路」。

第二節
保證自我價值的穩步實現

明確了自我價值實現的方向與做法，我們還是會難以前行。因為在實際生活中，人難免遇見各種阻力，外在的環境很難被個人掌控。那我們如何在並非一帆風順的外界良好自處並實現自我價值呢？我們需要解決以下五件事：調節自己的心態始終樂觀積極、提高自我的認知、脫離無能為力的困境、做力所能及的努力、抓住一切機會。

動盪的外界會使我們心潮起伏，此起彼伏的心理與不斷更改的預期並不能幫助我們達成目標，它們還會迫使我們知難而退、放棄行動、被動妥協於影響我們的事物。而妥協從來都不會帶給自己額外的好處，只會拿到別人願意分給我們的勞動所得，這時我們難以讓自己滿足，更何談實現自我價值了，這樣的人生是充滿缺憾的。而調節自己的心態始終樂觀積極是做出積極行動的前提，世界上任何事業的開創與問題的處理都需要充滿勇氣並長期堅持。沒有樂觀積極的良好心態，自身一時產生的勇氣與毅力，

也難以讓自身持續地努力，特別是遇到更大的困難時，做事就會半途而廢。因此，越是困難的時候，越需要成績的顯現、努力的意義、向上的空間，這時越會體現良好心態的重要性。

但是只憑藉良好心態並不能達成目標，我們還需要不斷提高自己的認知，不然我們無法做出清醒、客觀的判斷與決策，從而導致我們不經意就犯了方向性錯誤，也會導致我們因忽略細節問題而功虧一簣。在個人操作上，認知指導著我們自身的行為貼合真理。認清什麼原因可以產生什麼結果，才能思辨清晰、選擇慎重，繼而突破阻礙，取得成績。

但是這一切又需要講究投入與產出比，那些付出一切努力卻始終毫無建樹的領域，是我們需要儘早脫離的。世界是寬廣的，我們不需要為了始終無法突破的難題而過分付出，這對我們自身來說是弊大於利的，因為這樣做不僅不能讓自我價值實現，還會損害身體與心理健康。

我們也不能用放棄終止一切，而是需要立刻找到補救的辦法，有時直接放棄的後果是一無所有。我們需要在放棄的同時找到另外供自己發展的空間，這一空間需要經過自我衡量、決策得出它是存在價值產出可能性的，我們才可以放棄原有的，並且我們在衡量這一補救辦法時還需要大量地實踐來得到技術的加強、能夠證明想法可行的證據。另外，我們需要把自己的聰明才智用於攻克各種鴻溝、壁壘，找到各種解決問題的辦法，這一為自己

開拓新路的行為會讓自己成為解決問題的高手。久而久之，我們自己會在接觸與否的任何領域，都成為一個上手快的人，那麼，我們也就擁有了放棄不適合自己事物從而逃離困境的底氣。

當然，我們也需要成為一個能把握住機會的人，此時識別與抓住一切機會就是良好的對策。自我的路如何對自己有利，是任何外人都不易得知的，只有自己最清楚。外界的機會對自己而言，並非一定是機會，外界的不良處境對自己而言，並非一定就是有害的，我們需要在保證安全的前提下，根據自己的情況來判斷哪些機會利於自我價值的發揮。只要抓住利於自我價值發揮的機會，時間往往就會為我們帶來結果，最後，我們會因為自己的價值發揮到一定程度而感到滿足，這時可以說是實現了自我價值。

自我價值的實現需要在努力的同時讓自己參與到每一步的調控中，那麼我們也就在一步步的調控中，讓自身的潛質得到鍛煉，讓優勢得以發揮，日積月累的努力與調控就會讓自我的價值得到穩步實現，這時也因為人們的才智得到充分發揮，死氣沉沉的謀生環境會迎來更多生機。

第七章
身體健康

　　人的努力就是生命的努力。目前，無法推翻的普遍認知是，人是不可能重生的，生命只有一次。每個人的生命比金銀珠寶還要寶貴，同樣人們的一切勞動也是珍貴的。但是人類的歷史長河卻湧現出一幕幕悲劇，便是人們在一味的後天探索、勞動中喪失了生命。因此，我們需要認識到自己並不是遊戲中的角色，血條空了可以滿血復活，而是只有一次生命機會和一個身軀，除一般的損傷可以被身體逐漸修復以外，我們的任何透支行為都會反作用於我們的身體，使身體永久帶著過度的損傷。過度損傷的身體較之於健全的身體，除了身體上的抵抗力、承受力降低，還會導致病痛更易發生，精神上會因為身體損傷的痛感與其他感知力的愚鈍，而缺失往後生命本可以享有的舒適感與幸福感。就算換來再多物質回報，也無法抵消身體損傷所造成的缺憾和痛苦。

　　由此，我們需要注意愛護自己的身體，我們能夠享受的一切，實際依賴於健康的身體，而我們經歷的一切刺激也會全部施加給自己的身體去承受。因此在身體健康上，除去先天缺陷與意外，便都是自己為自己買單，傷痛病死都由自己一手造成與一力承擔。身體健康只有自己能為自己負責，別人再多的勸誡都無法改變執意做出不良行為的自己會造成惡果的事實，而真到了承擔

後果的那天，人們再怎麼努力也無法挽回。因此在真正遭受病痛之前，我們關注身體健康實際是讓自己成為一個謙虛、求知、謹慎的人。

第一節
警惕預兆與把握分寸

關注身體健康，就是在健康的時候預防病痛來襲。「謙虛」讓我們不在自我傷害的路上一去不復返；「求知」讓我們踏實地研究身體健康的規律，做出利於健康的行為、拋棄傷害健康的行為；「謹慎」讓我們行事慎重，不因為不經意間多做了某個事就越過身體最終承受的度而受到損害甚至失去生命。綜合來說，我們在日常生活中需要警惕重大疾病的預兆、重大災害的預兆、人禍的前兆。

後天的重大疾病在前期都會出現一些預兆，當然，人的某些不良生活習慣會引發疾病，從而使身體無法恢復；重大自然災害在發生之前都會顯示異象；事故災害一般都是人為產生的，主要是有關人員不注意安全規範引發的。病症和災禍的來襲不會毫無徵兆，掌握病症與人禍的誘因、自發約束不良行為與對過度的一切保持警惕，就可以在行為上提前阻止不良後果的發生。

　　而所有的病因與預兆都可以歸於一點，就是過度與異常。身體就像一架機器，它需要良好運轉，那麼內外部條件都不應阻礙它的運轉。內部如，身體各結構內部與結構之間應保持良好運轉；外部如，身體所處環境與物質補給應正常與適量；而在特殊情況出現時，人對各方面的補救應充足、及時。如此我們需要瞭解身體各方面的良好運轉都需要我們做什麼，尤其是日常生活中我們如何做才能保持身體運轉的平衡與適度，當然，這需要我們時常檢測自身運轉是否正常。外界的環境在極端災禍出現之前會顯示出異常徵兆，我們需要迅速判斷外界環境與自身行為哪些是安全的，哪些是危險的。一旦判斷失誤，我們去了危險的地方、做出危險的行為，就會付出慘痛代價甚至失去生命。

　　這一切需要我們增加對疾病與災禍的認知，也需要在關鍵時刻做出利於生存的取捨，徵兆或者災害險情來襲時，我們需要及時發現與應對它，捨棄通常情況下經濟重要的觀念，而保護自身的安全與健康。只有準備好了這一切，我們才能避免身體上的損失，也就能避免更多的缺失。

第八章
能動性

　　健康的身體給我們提供了澎湃的活力，較其他動植物來說，我們擁有敏銳思考與自主創造的能力，也就是能動性。因為這點，我們才擁有更多、更大的自由。我們不僅能和其他動物一樣任意行動，還能使頭腦靈活運轉，所以我們可以創造出遠比其他動物多的各類活動與幸福生活。

　　因為我們每個人都具有思考能力，因此，當問題發生時我們可以及時做出調整與應對，我們永遠陷入絕境的情況就少之又少。正是因為我們認知與處事能力的不斷提高，也就能夠自然而然地在主客觀世界做出讓自己身心獲益、趨利避害的正確選擇，其中就有一些是通過調和自己與外界的矛盾從而獲益的行為。

　　能動性在主觀世界的探索中也發揮著作用，並對自身產生積極影響。如推理這種思維活動，當他人的實踐可以檢驗某個推理的結論時，自己不用親身實踐也能獲益，也就是吸收來自他人的知識可以提高自己的認知。那麼，我們可以接觸更多由淺入深、使身心獲益的事物來打通自己的認知，再應用於自身實踐當中，通過發揮能動性的方式讓自身獲益。其中最受益的部分就是人能創造出豐富美好的事物充盈心靈，並且使自己愛上它後自然而然地追求下去，這便是能動性的價值。

　　人在這個世界上積極創造的一切，都是「無中生有」的，這跟有些人毫無作為與順應一切的「自然而然」的做法截然不同，這些做法所帶來的結果也是完全不同的。某些提倡「無中生有」觀念的人認為一切皆可為，一切都可以是機會，如何利用、創造機會才是重點。但是某些提倡「自然而然」觀念的人認為機會只是眼前風險低的事物。實際上，「無中生有」的做法需要符合自然才能夠發揮它的作用，而某些人在做出「自然而然」的行為時卻忽略了自然到來的機會與自然發生的變化，於是，他無法從根源上解決問題，那麼他隨時隨地都會陷入被動。某些人的自然而然觀念是消極被動的，某些人的無中生有觀念卻能對世界和自我創造出建設性成果。而截然不同的兩種人生觀會引導出兩種不同的人生。提倡自然而然中的消極觀念的人，會給人生造成許多遺憾，但是，動用能動性做出符合事物發展規律的事並盡力解決問題的人，就會避免這些遺憾，而長久地享有各種身心的回報。

第一節
精神享受：心靈的愛

　　能夠使身心獲益的事物中，有一類是最簡單的，並且它可以不斷再生，它的作用是推動我們創造價值，只要我們願意，它就能夠形成並直接給我們帶來精神的享受與做事的衝勁，從而間接提高我們對外物的掌控能力，它就是心靈的愛。

　　充滿愛的人在感受同樣充滿愛的事物時會被感動，他甚至會流下感恩、被理解與被關懷的淚水，會主動理解一切人事物的不易，會主動探知一切不合理的事物應當如何改進才能惠及眾人。而這一切的感動與理解，會反過來作用於我們的心靈，使它更加敏感、柔軟與智慧，並且使我們的精神處於一種平和愉悅的狀態，這種狀態又會推動我們的思緒走向豁達，這時我們擺脫了瑣碎與小利。於是，我們會在愛的鼓舞下做出幫助他人的事，從而給社會創造更多的價值。

　　此時，他人只要從中感受到了愛的力量，就會受到安慰與鼓舞而煥發更多的力量，人們就在這種自發產生與互相傳遞的愛的力量中，讓自己脫離了枯燥、狹隘、極端、頹廢、虛弱的狀態。並且，隨著人們與愛連結越深，人們的認知會越發豁達與智慧，精神也會獲得極大的滿足。

　　如上所述，精神的價值來源於愛。愛使人互相給予力量，也就能激發出人的更多價值、鼓舞人們紛紛走上更合理的道路、使人文環境變得越發和諧友善，而這一切會使我們找到最寬廣的發展之路——共贏之路，這條路能讓每個人獲得幸福，才不至於讓人在過多你爭我奪的歲月中喪失更多外物與精神享受。愛就是終極智慧。

　　在這條路上，藝術常常作為我們陶冶情操、豐富心靈、提升智慧的載體，被我們創造與受用。越是在疲累的時候，我們越是

把它看作寄託。那些充滿愛與智慧的作品，往往能給予我們更多力量與深刻思想。相反，不良作品會使我們愈漸消沉。我們親近愛越久，智慧也就越多，就越能分辨出哪些作品是真正對人們有幫助的，而哪些又是在呼應靈魂匱乏的人。匱乏並不可恥，只是會讓人自我禁錮，而能夠使人得到解脫的就是愛以及由此產生的智慧。

第二節
明智與強大

當我們的心靈充滿愛與智慧的時候，我們便已經能夠包容與承載很多事物了，其中就有自己的不足與恐懼、他人的傷害與幼稚。愛因為使我們理解一切、不爭小利、樂於助人而讓我們能夠包容他人的傷害、消解他人的幼稚。智慧因為可以使我們面對與解決自身的不足與恐懼，我們便成長得全面、強大與美好。但是除自發的愛所產生的智慧以外，我們還需要主動提高智慧來保證自己不給自己造成長時間與各方面的利益損失。

智慧與認知的不同在於，智慧可以在我們認知淺薄的階段帶領我們追尋光明，從而指引我們提升認知，在每一次即將跌入利益損失的陷阱時，它能夠及時警示我們，從而能夠讓我們重新思考與決策。那麼這一能夠使我們主動提升認知的智慧就是，堅定

認同未來的社會能夠充分發揮眾人的力量、人人可以享有美好環境。而在這個方向上，我們就需要逐漸提升自己的認知了。

提升認知的方法就是，人要養成善於向自己提問並試圖解答的習慣。無論世界上是否有其他人做出何種解答，相信自己重新探索與整合的能力。能從小事中發揮自身的聰明才智，便是做出明智判斷的開始。因為認知與處事能力的提升，我們越發能夠追求到理想的事物，越發能夠自如調節自己的心理，這樣我們也就逐漸成為了強大的自己。

而一個已經強大的人，是絕對不會擱置帶來嚴重危害又容易處理的問題，甚至是將它當作談資。因為他內在蘊含豐富與強大的力量，他要解決的正是問題本身，尤其是當一個問題害人害己時，他更不會置之不理，他會犀利、快速地解決問題，不會容許過多損失產生。為此，他會持續發揮與提高自己的能力。這樣，他實際已經走上了發揮自我價值的正道，而且他會不斷成長、不斷強大。強大的人會為所有人的幸福保駕護航。

第三節
保持敏感的重要性

提升認知獲得幸福的過程中，有一種是天性也是習慣性的事物，拉開了人與人的距離，這就是人的敏感。敏感的人常常關注

與感知身邊的一切，過度、異常與關鍵的事物會被他及時發現，他也會自然地對此進行深入思考。也因為他經常瞭解與思考值得關注的事物，他便可以自然又靈活地聯繫事物，從而對它們有更深入、全面的瞭解，最終他能找到解決問題的方法。

敏感的人在遇到問題時會及時發現並解決它們。有效解決問題的經歷不斷增多之後，他會收獲更多的成就感，這會進一步增強他解決問題的動力，遇到新的與巨大的阻礙時，他會堅定困難一定能被戰勝的信念，最終使自己在不放棄的探索中找到突破口。

敏感激發了思考，而時間帶來了不同的積累，也就形成了思想深刻與缺乏思想的人之間的差別。長期敏感與長期不敏感的人從外在看來，好像是不敏感的人更悠閒，實際卻是不敏感的人在生活中會爆發更多問題，而不敏感的人對於解決問題會感到無力，進而他們會對解決問題這類事產生惰性乃至抵觸，這種回避問題的行為會造成各種事態進一步擴大，嚴重時會危及生命。而長期敏感的人因為一直走在思維複利的路上，於是，思考與解決一般問題不費吹灰之力，探索新與難的問題也更加容易，也能在一些事件稍顯端倪時就及時解決了問題，從而看起來他們的人生沒有波瀾。除此之外，他們還會收獲問題被自己解決所帶來的意外之喜。但是，無論是喜劇還是悲劇，都是在人們每一天微小行為的推動下形成的，因而敏感就十分重要。關注自身及周邊環境是否出現了問題，實際是對自己和周邊人事物的負責。

第四節
處事的態度應是靈活的

敏感會給人帶來好似神經隨時緊繃的感覺，實際並非如此。敏感就像是我們給自己設置的應急裝置，在關鍵時刻會發揮作用。

一般情況下，如果我們對一般事物過度關注那並不是敏感，而是神經質，這對我們並沒有益處，會刺激我們產生焦慮。而這些不良、無法解決與本不該出現的焦慮會擠佔我們正常生活的時間，導致自身受到一定程度的實物與精神損失，這是沒有必要的。

與此類似，我們日常生活的處事態度需要在兩種態度中拿捏分寸，這兩種態度就是嚴謹認真與休閒鬆弛。事情都是分輕重緩急的，我們可以在調控能力的增強中越發感受到自己可以將一切安排妥當。帶來重要影響的事自己會毫不馬虎、嚴謹地處理，而自己在一般事務中會留有一定放鬆的空間。因為處事中的我們都是一個個的人，雖然我們面對的打擾與困難是隨時都可能存在的，但它們所產生的影響及我們與它們的距離是可以被我們判斷與調節的。很多不重要的時刻，我們應考慮到自身的一類天性需求，即放鬆與娛樂，這是人所必須的。

在處事上，我們靈活掌握兩種態度的處事分寸有助於讓自身獲得儘可能多的利益。比如待人接物時，我們通過理解他人處事

的各種選擇，會變得更加擅長與人交往、合作與交心。人與人在處事上的靈活，使得事務處理妥當、環境更加和諧。

第五節
處事需要有效調節

我們拋開事務時，需要盡情放鬆與娛樂，但在做事時，我們還是容易回歸到自我不良慣性，如大意、懶惰、鬆弛、過激、偏頗等。自我的這些慣性會讓我們在做事時仍然保持不良的慣性思維，這會對事務的處理造成干擾，並且讓我們在不知不覺間製造更多問題，最後，我們往往需要承擔自己所不願承擔的後果。

但是，我們在處事時，通過有效調節自己的狀態來抵抗慣性，就會推動有利結果的產生，也會在生活中培養出一些良好習慣。不良習慣如果不能給人帶來益處，那麼最好的辦法就是改掉它，而改掉的最好方式就是煥發自身的理性與熱情。當光明存在的時候，黑暗便會消散。如果想徹底驅散不良習慣，就要在生活中常常保持謙虛和勇於改正錯誤的態度，而照此行動後，最先受益的人就是自己。

慣性問題的存在會在不知不覺間讓我們陷入更多煩憂，又讓我們無從解決，實際上，這些問題是我們自身的不良慣性造成的。

當這些潛在的問題被我們正視與解決的時候，它們也就沒有了生存空間。解決了慣性問題，我們也就自然達到了身心獲益的狀態。

第六節
辨析、維護自我利益

我們調整好自己的狀態之後，還需要調節自己與外界的關係。但是如果我們還根本看不清自己與世界的關係、自己與世界在利益上如何互相影響，我們也就無法調節自己與世界的關係，從而無法得到本應屬自己的利益。比如，人們在稚嫩卻放任天性做事的早期，會因為一味的索取與自我膨脹而給別人帶來障礙與傷害，會因為過於追逐眼前利益而缺少時間與心情認知複雜的事物，從而給自己造成各方面發展不順、困難無法化解的局面，也會因為自己判斷的失誤而造成各種利益損失，如精力放在了獲取外物而丟失了享受生命的時光。以上問題使得本身為自己謀取利益的情境，反倒成為了給自己製造障礙、讓自己利益受損的情境，這是得不償失的。

我們已知自我利益就是精神與物質上的利益，而我們的最終利益是精神上的利益，辨析自我利益就是在於理解實際損害自身利益的行為有哪些。比如我們帶給外界環境與別人的阻力，這些阻力看似是釋放出去了，實際卻會通過各種或明顯或隱秘的形

式返給我們。我們與人為敵，他們就不可能協助我們解決問題，反而會給我們製造障礙。我們製造不公的環境，環境就會成為越發不公的產物，最終在其他自己所不能掌控的方面給自己帶來不公。

於是，我們依託於辨析自我利益，認識到了維護自我利益的方向，就是跳出狹小的視角，走上全面、明智、公正、互愛的道路。這時，我們每個人需要兼顧對於自我與生存環境的審判，這會利於我們構建出一個最佳生存環境來保障自己也是所有人的利益。維護環境公正就是維護自我利益，這時，公正的心審判自我與外界環境，就會讓一切處於公正之中，我們個人的利益才能不受損害，我們才能獲得自己原本因為受限所不能得到的利益，以及其他人獲利而輸送給我們的更多利益。

第七節
「我」與一切的關係

在維護公正的社會環境的基礎之上，我們如何在日常生活中獲取自己的利益呢？這需要我們根據各個人事物的特徵靈活應變，成熟的應對方式是我們對一切人事物都採取一種靈活協調的方式，根據彼此的利益相交點與背離處進行投其所好的交往，因為人們一切交往與處事行為的最終目標是為自己謀取利益。

　　因此，從解決問題的客觀角度來看：與人相處，我們有必要以最令彼此舒適的方式往來，在這樣一種交往中，雖說彼此之間還未深入瞭解、肝膽相照，但是彼此維護了一種友好、關切的來往關係，許多不必要的矛盾與損失就不會產生，這已經是一種不帶私人感情色彩的、最有利的交往方式了。而人與人不可能立刻成為朋友，於是，這樣一種交往方式維護了一般的友善關係，使得人們彼此之間的相處充滿和諧，彼此也有機會在這個過程中互相瞭解、關切，最後人與人的關係可能會達到知心與愛護的程度。

　　這時，我們在與任何陌生人相處合作時，都不需要過分擔心，並且我們可以做得更好：彼此都在為投其所好付出努力，從而都會拿捏一個恰到好處的分寸；解決事務時，我們除了維護與經手人的良好關係，也有必要對事物的相關特徵、發展路徑進行分析，從而選擇最利於事物開展的方式應對一切。

　　而自己在與自己的相處上，也需要掌控一個分寸應對自己的不滿，自己如果過於考慮他人而使自己在各方面受損那是得不償失的。在自己產生一些不良情緒時，需要及時疏離相關人事物，並聚焦於如何解決客觀問題。如果客觀問題有其他辦法或者忽略它並沒有什麼危害，那麼，我們可以選擇直接忽視它。如果我們解決問題時需要與不滿的人事物打交道，那麼，我們需要調節好自己的心理，不過多投入情感與期許，就會從源頭上遏制彼此間下一個衝突的發生，接下來，我們需要保持一般友善的關係來共同解決問題。

　　這種調節自身內外處於和諧狀態的方式，就是一種「我」與一切的良好相處模式。因為我們深刻明白彼此所需，所做出的行為便能夠被自己掌控與理解。於是，我們在外界看來就會是一種溫和、沉穩的姿態，這樣溫和地掌握處事的分寸，可以妥善處理我們自身與一切的關係。這種相處模式也同樣適用於國家之間，當彼此對自己與外界的利益所需、不和諧的後果認知不清的時候，就會引發紛爭與戰爭，而往往這樣的紛爭與戰爭也會因為彼此損失慘重而被迫結束。那麼，我們都需要認清實現利益的道路實際是通過外物獲得精神享受，而外界會將自身輸出的不和諧因素返給自身而干擾利益實現，所以，我們需要在處理自身與外界一切人事物的關係時運用最妥當的方式。

第八節
與外界更好相處的潛規則

　　根據上文所述方法，我們可以維護與一切人事物的基本良好關係，若想進一步與他人發展出親密關係應該怎麼做呢？

　　我們會普遍認為給出利益的方式可以拉近人與人的距離，這其實是膚淺的。當人由利而聚時，也就易由利而散。因利而拉近的關係只是表面的回饋，它實際是利益的交換物。給出利益這一行為，無法長期維繫與人的近距離關係與使人們彼此變得真正親密，因為人若想長期維繫與人的近距離關係，就需要不斷付出成

本，我們也會因為某些需求的滿足就停止利益交換，而一旦停止，關係也就戛然而止。

真正的親密關係來自於相互理解與愛護，這樣才能拉近心與心的距離，當然，這並不容易，我們需要擁有耐心和一定認知來輔助我們完成對他人的理解，也需要擁有愛心來輔助我們對他人輸出愛。對他人的理解到達一定程度後，就需要維護他的利益、同情他的處境、感受他的心情，其中就有理解他的特殊情況與不容易、保護他的隱私。接著，要站在他的角度與其保持舒適的距離，相當於我們主動維護了他的分寸與邊界。越界的事不去做，不讓他感到為難與痛苦，彼此便能夠達成一個自覺的默契。彼此之間便不會得寸進尺，人們此時也不會包容得寸進尺的行為，會將包容給到值得包容的人事物。

一個人如何儘可能多地發展出親密關係呢？答案就是為更多人著想，與每個人都劃定一個貼心的邊界並保持這樣的距離。保持距離並不是單純為了個人利益，而是帶著關愛的態度與人交往。那麼，同樣充滿愛的心靈就會感到愛並回饋給我們愛，這時我們會收獲真心朋友，同時我們也不必為丟失非真心朋友而難過。就是因為某些原因，阻礙了彼此當下就達成互相理解與關愛的關係，失去的人因為他們對我們並非真心，便不值得我們去為他們付出，這種合理性與自我的透徹使我們與一切的關係成為了公正與理所應當的存在。

我們儘可能多地對外界輸出善意的愛，掌控好與人的距離，也就可以收獲更多的真心朋友，締結更多的親密關係。

第九節
擺正「我」和世界的關係：
讓「我」從索取者、掠奪者變成理智者、建設者、給予者

我們在思考如何維護與一個個具體人的一般或親密關係、如何妥當處理事務時，就會忽視自己與世界如何相處的問題。那麼我們需要回答我們自己和世界是什麼關係、我們想從世界獲得什麼這兩個問題，從而彌補我們與世界相處中的缺失，進一步彌補我們自身的缺失。

對於我們與世界的關係與我們想從世界獲得什麼這兩個問題，有人會直接回答：人需要從世界各地獲取儘可能多的資源，用於滿足需求。在這樣的認知下，我們與世界的關係是：我們是世界的索取者、掠奪者，我們想從世界獲得更多利益。

實際上，我們只是世界的過客，我們也屬世界，但世界不屬某一個個體。現實中，我們獲取的許多資源實際是世界的無私饋贈。但是世界若要摧毀人類卻易如反掌，並且我們給世界造成的生態破壞會反過來使我們處於惡劣的生存環境中，這樣的環境會

使自然資源匱乏、災害頻發，那麼，我們會處於動蕩的危險之中，隨機出現的災害就會直接威脅我們的生存。

如果我們一味地掠奪，一定會給自己帶來損失。只是因為這部分損失由多數人分批承擔而顯得不明顯、不嚴重，而且危險在沒有到來之前，一切還都風平浪靜。因此我們與世界的關係值得深思。當我們即將要離開這個世界的時候，才會意識到：一切掠奪終是黃粱一夢，我們絲毫帶不走這個世界的產物，而且過往的人生也因為陷入長久掠奪的怪圈而不得安寧，從這個意義上來看，離開世界、終止掠奪反倒成為了解脫。

我們需要審視的是：自己的利益是否真的得到了？如何得到真正最大的利益？因為我們眼裡只有資源、只有財富，所以長久地算計與掠奪、時時刻刻擔心利益的損失，所以我們不能放下心來享受生命的樂趣。我們看世界就如看金礦，所以我們忽視了世界太多的美好，將豐富的事物理解為了片面的某個資源，這實際會讓自己處於一種膚淺與浮躁的狀態中。這樣的生命質量是不高的，生命的缺失也是獲得再多外物都無法彌補的。在這樣的狀態中，我們企圖用外物利益使自己精神愉悅的目的便難以達到。那麼我們獲得再多外物都成為了空虛的存在，擁有實物卻發揮不了實際的作用。

如果我們不向世界索取、掠奪資源，該如何生存呢？實際上，世界每一天都在源源不斷地為我們提供各種生存資源，來滿足我

們生活和創造財富的需求，只是我們畫地為牢的行為才使資源變得匱乏，而生存需要的資源，是我們輕易就能夠得到的，生存層面上我們也不需要索取、掠奪。作為資源的索取者、掠奪者的我們，真正的最大利益、持久利益沒有獲得，反而做了太多南轅北轍的事，不僅消耗了自己的生命，而且活得十分辛苦，我們作為高級動物的特權就顯得不那麼明顯了。

那麼我們如何與世界相處才能保證我們生而為人的最大利益呢？就是放下無度掠奪資源的包袱，站在生命的幸福體驗的角度思考：自己做的事與獲得的事物是否可以讓自己滿足生存需求並能夠活得暢快與幸福？思考之後我們往往會發現，只要自己做建設性、創造性、輸出愛、發揮聰明才智的事時，就直接擁有了這樣的幸福體驗。那麼，我們就需要把目光轉向這裡，這會真正使我們這些終將離去的有限生命享受到作為人的最大幸福。因此，我們需要為這個世界做出建設性、創造性、輸出愛、發揮聰明才智的事，那麼，在我們和世界的關係中，我們的角色便從索取者、掠奪者變成了理智者、建設者、給予者。

第十節
輕鬆而客觀地評判

我們一方面需要處理好與各個人事物之間的關係，另一方面需要對他們有較為準確的理解，起碼需要擁有較為客觀的認知。

如果我們的認知偏差較大，往往會導致決策失誤與事倍功半，這會惹出不必要的麻煩。為此，我們需要讓自己客觀處事，處事之前就需要分析與評判。那麼，如何才能客觀分析與評判？而且是輕鬆的呢？也只有輕鬆可以讓我們不會排斥它。

實際上，客觀評判並不困難，除正常思維活動以外，我們還需要控制情緒不受各種外在因素干擾，並且放下期待，不然就會在客觀判斷時頻頻受到主觀情緒的破壞，就會感到心累。一旦感到心累我們便會做出隨意評判的行為，便難以做出客觀分析與評判的行為了。這會進一步導致我們分不清生活中大大小小事件的是非曲直與來龍去脈。這樣的話，我們的生活將處處遠離真理、真相與公平，時時充滿迷茫與晦暗，我們甚至會看不到出路。明智不會使人痛苦，只有迷茫才會。思考時感到的痛苦，源自我們還陷於迷茫中而無法明智，痛苦是迷茫導致的，我們卻總是錯怪明智。

以明智取代迷茫是需要我們自身推動的，沒有勇氣與信念，我們很難走出第一步。由此，人生便如一團亂麻難以解開，思維也就無法豁達有力。而走出這一步，實際需要我們放下個人的情緒與期待，並訓練自己達到一定思維高度。這樣就可以擁有足夠的勇氣與信念迎接真理。我們可以從很小的事做起，同時體驗這不一般的奇妙感受。

第十一節
生命軌跡是自我科研水平的顯現

我們的認知在一步步探索和研究中變得全面、開闊、準確，作用於我們自身，就是我們在生活中能將大大小小、各式各樣的事務處理妥當，並且從中得到滿足。而我們一路走來的良好人生軌跡實際就是自我認知的成長之路，認知成長是在我們不斷思考和實踐的科學研究中一步步達成的。那麼，我們處理各類事、獲得各類成果而構成的生命軌跡，便是自我科研水平的顯現。

我們因為幼稚所陷入的迷茫、因為失實所造成的損失、因為掠奪所感到的空虛、因為明智所獲得的益處，都會在生命軌跡中呈現，外人或許看到的是蛛絲馬跡，自己卻能看到全部。看似大眾平凡的生活，實際卻是人人科研水平的顯現。這時我們應該對自己負起責任，研究什麼外物也都沒有研究如何走好人生之路更有價值。在完成這個目標的過程中，我們會主動研究一切。這種研究不是被動完成任務式的研究，而是可以解決人生問題的研究。在自主、有價值導向與可被檢驗的研究中，我們的視角不再是狹窄的，而是廣闊的，於是，我們會不斷探知到底層邏輯，久而久之，我們就會逐漸具備更高的認知能力。那麼，我們會快速解決新問題，也會快速適應新環境，從而帶給自己沒有悔恨的人生。

第十二節
對生命負責的態度

　　我們做出的一切行為，只要帶給了自己長久的幸福而不是莫名的損失，我們就可以不對過去悔恨。悔恨的存在正是因為人生不可重來，那麼，沒有悔恨的人生就容不得人的隨意與蒙昧。

　　而對人生悔恨的人如果不及時止損，會過得越發悔恨，那麼，謹慎、明智的態度與行為就十分重要。只有這樣，才會幫助我們在對待自己與其他人時都是豁達與智慧的，彼此不用承擔無謂的傷害與損失。只要決策都是經充分考慮而做出的，自己才不會在他人與外物影響的情況下，做出令自己終生悔恨的事來。

　　這樣，我們便會以對生命負責的態度為自己與他人著想，這實際就是在珍惜自己、他人、境遇。如此行事的人，一定會在慎重的每一步中直接收獲踏踏實實、坦坦蕩蕩的生命感受。而這些感受會悄無聲息地進入我們的意識、人格、氣質，潛移默化地影響著我們的一切行為與隨之而來的運勢。

第二篇

社會

引 言 ────────────

當我們從自我出發可以協調好自己與周邊人事物的關係時，我們就有能力也有願望對更大的社會環境做出積極建設，其中有的是個別有能力與資源的人才能做的，有的是集體共同推動才能實現的。

當人們普遍做出利於人群良好發展的事時，我們自然就實現了自古就追求的目標——幸福。但如果做出使人類在各個方面敗落的事，我們不僅會在不斷的零和博弈中屢屢受阻，還會經常消耗有限的生命為一些無謂的人禍承擔後果。其中包括越發失控與極端的生態環境、合作交流的不良狀態、不公平環境所帶來的頻繁不公、爾虞我詐中的人心惶惶、各類衝突不斷擴大所造成的意外與持久焦慮、爭鬥中的人失去人性而喪失幸福感知力、極端行為所帶來的毀滅性後果等。而這些使人類在各方面敗落的行為是人的蒙昧主導的，儘管這種蒙昧已經是人們盡力理性的結果。

蒙昧中的人只看到了眼前的利益、虛浮的利益，看不見遠方的利益、更大的利益以及蒙昧的具體危害。在人類認知受限的時代，如果這些關係與影響不顯現在我們的日常生活中，就不能被我們重視，更無從改變，也就難以形成規模化的改變。如此一來，蒙昧的人會持續給他們自己和大多數人造成持久的傷害，其中有勢力的人與能自我掌控的人會少受其干擾，無勢力或不能自我掌控的人就只能任由其影響自身。

　　而我們在社會中需要做的事就是對抗這些蒙昧，並且使那些捉摸不透又產生重大影響的蒙昧現出原形，最後發自內心去消除它。而這是需要通過提升認知達到的，也就是認知到自身的蒙昧與使自身受益的方法後，選擇使自身獲益最多的方式達到的。在消除整個社會的蒙昧這一層面上，我們需要重點關注現存蒙昧影響面廣、紮根深的領域，這些領域按照由易到難的理解順序排列，分別是資源（第一章）、教育（第二章）、社會文化（第三章）、社會形態（第四章）、共贏（第五章）、人的更多價值（第六章）。

　　我們在社會中生存，離不開資源，資源滿足我們的基本需求後，我們需要進一步提高各個行為的執行效率與整體的收益總和，這就需要教育輔助更多的人達到這個目標。而在這一切的人類活動中，社會文化起到了滲透、團結、革新的作用，使得某些目標或者眾人的追求實現。當社會文化發展到一定階段，從而能夠幫助我們實現個人利益與社會利益總和最大化的目標後，我們需要一起建設更好的社會形態，來輔助我們固化一個個根本方法。但是這一切又都與團結互愛息息相關，我們在這樣的狀態中，才能從根本上杜絕對美好社會和個人幸福產生干擾的行為。我們在長久的實踐中會逐步認識到，共贏是可行且最有利的方式，值得我們去追求。當我們確立了這一簡單信仰後，我們就可以順利地在與人來往的各種活動中發揮聰明才智，推動利人利己的結果產生，而此時，實現自我價值的空間便更加廣闊。

　　一旦每個社會參與者在這六方面掃除蒙昧，我們就會自發團結在一起，用更高的智慧給自己營造認知中的最佳社會環境。此時，人為製造的不公與災害會儘可能減少，每個人所收獲的來自自身與外界的幸福會大大增多。

第一章
資　源

　　社會中有我們需要的一切，其中最重要的就是人賴以生存的資源。因為生存需要，我們隨時隨地都會為獲取資源而行動，這些行為的目的歸根結底就是使用地球資源來維持我們個人的生存與生活。

　　資源可以從各方面進行分類，但是它們都來自於地球的自然資源。自然資源總量是豐富的，但選取其中一個相對短的時間跨度來看，資源會分為可再生與不可再生兩大類。我們輕易就可得知：再多資源，如果我們索取可再生資源的速度超過了資源可再生的速度，並且極力獲取不可再生資源，那麼地球上的資源就一定會枯竭。但是地球為我們提供的資源又為何會被人類消耗殆盡呢？人口增長、科技發展所催生的更多產品、人類欲望的增加，加劇了人對自然資源的索取，造成資源被不斷與大量地消耗。可是，地球本身豐富的資源與它發揮的巨大作用，足以供世世代代的所有生物正常生存，如果不是極度獲取資源，我們人類還會有明天。那麼對應就會產生三種方法來使資源持續存在，它們就是：節約資源、充分利用資源與拋棄極度獲取資源的觀念。

　　節約資源的行為依賴於每個人的良好習慣，這可以通過後天培養而形成。我們人類就有一種美好品質可以促使我們形成節約

的習慣，這就是「珍惜」。因為珍惜資源、愛護資源，我們便捨不得無限浪費它，自然就會時時節約它，而這樣的美德也會作用於我們的生活。如果我們在任何時候都無比珍惜一切，那麼我們的心便永遠是敞亮與坦蕩的，我們不會虧待任何人事物。充分利用資源的目標可以借助人們智慧的力量而達到，這一力量會促使技術提升與資源合理配置，如此，我們可以將現有的資源發揮到最大的價值，這能節省再次開發資源的成本與資源本身，甚至得到比原本多的收益。而拋棄極度獲取資源的觀念成為這三個方法中最為不易的，因為如今全球人類價值觀與社會運作規則基本是資本至上的，在此推動下，人類就會在供給一端無限追求下去，再無限刺激需求，從而換得無限的回報，於是，資源會被極度消耗。雖然我們在還未走投無路時，並不願意相信這樣下去的終點是人類總體利益大幅度削減，但是若我們持續做出這一行為並且在無限獲取資源的同時還對環境造成永久性破壞，地球便無法再孕育與儲存人類所需資源，那麼就算全世界人口已經寥寥無幾，人類也遲早會滅絕。我們需要深刻反思與調控自身行為，享用資本主義的優勢所帶來的便利，摒棄它的各種危害。如此控制，才不至於使資本主義中資本至上的觀念在釀造最大的災禍之時與人類同歸於盡。

簡而言之，這三種保護資源從而使人類持續生存的方法通俗理解就是：培養「珍惜」的品德以節約資源、提升智慧以技術與協調的方式充分利用資源、重新審視資本至上的觀念從而避免極度索取資源的後果。

第一節
資源配置

　　培養「珍惜」的品德和控制資本至上的行為屬認知上的問題，這需要大眾在不斷的實踐檢驗中思考與認識。而提升智慧以技術與協調的方法充分利用資源是最容易被大眾接受與實現的。技術正在飛速進步，而資源協調的方法也就是資源配置，是我們容易忽視且操作不成熟的。資源配置又是目前除技術以外影響最廣並且見效最快的充分利用資源的方法，那麼，我們需要在這方面下功夫。

　　資源配置中最關鍵的是參與配置的人，整體呈現出各個被配置從而處於關鍵位置的人再進行資源配置的形態，資源配置也就是人對人、事、物進行配置的行為。而資源配置作為方法應對的是資源分配不均、資源獲取不便與資源總量不足的深層次問題引發的各類影響人類生存生活的淺表問題，資源配置的目標就是使人們有效解決這些問題。當然，資源配置不僅可以解決上述淺表問題與它們的很多次生問題，也可以直接把資源分配不均、資源獲取不便與資源總量不足的問題從根源上解決了。

　　那麼問題的根源是什麼呢？怎樣的資源配置可以有效解決這些問題呢？

　　資源分配不均是因為在分配初期就沒有考慮合理的分配方式，使得理應獲得資源的人未得或少得、不應獲得資源的人得到或多得，其中包括分配對象在差不多的條件下得到天差地別的資源總量的情況。分配不均的情況還有已分配的資源呈現混亂、分散的形態，使得涉及公共事務的未分配資源不能被有效利用。這些問題正是分配標準的盲目、混亂與不一造成的。

　　真正合理的分配方式是將分配的資源數量與個人才智發揮的作用儘可能地完全掛鉤，並且保證每個人才智的充分發揮而不是互相抑制、保證各種情況都不能干擾如此的分配。當整個大的環境建設為鼓勵每個人發揮才智時，才不會讓個別人有機會或有權力抑制他人才智的發揮。分配的資源完全與才智掛鉤會抑制各個領域中的不良競爭，從而使人們通過公平競爭與充分發揮才智來獲取資源。若社會不能抑制不良競爭、不能擁有公平競爭的目標與方式，就會使創造不出價值或創造不出更多價值的人霸佔更多的資源，並且使能夠創造出價值的人始終發揮不了才智或者發揮了才智也得不到應得的回報，這會導致整個大環境中真正創造價值的人數與創造的價值總量越來越少。

　　因此，良好的分配方式不僅可以解決資源分配不均的問題，還可以鼓勵有才智的人做出利於社會發展的成績，比如把那些因前期分配混亂所造成的不便公用的資源合理利用起來。那麼，我們就可以解決資源分配不均的問題，也可以解決許多它的次生問

題，並且可以使這類次生問題不再發生，最後不斷增加的價值總量可以為全人類服務，讓每個人都有機會享有多出來的價值所帶來的好處。

資源獲取不便的問題往往是由環境苛刻、技術落後、資源配置不合理造成的，隨著人類技術的逐步提高，我們越發有能力解決環境苛刻所帶來的資源難以獲取的問題。但是資源配置不合理所造成的損失這一問題卻被人忽略，如今資源獲取不便的關鍵原因正是人類沒有良好的應對方式，即更優的資源配置方式。

那麼什麼樣的資源配置方式可以解決資源難以獲取的問題呢？答案是充分發揮各個人、事、物的優勢，並以此為目標，使用能夠讓它們充分發揮價值的配置方法，通俗理解就是將能夠得到的一切人、事、物的優勢發揮到極致。人類認知、技術的進步可以使人有能力逐步獲取到更多資源，也只有充分利用好手頭的資源，人們才能夠避免遭受浪費手頭資源與獲取不到更多資源的雙重損失。那麼在充分利用手頭資源的階段，我們自然就會讓各個人事物的優勢得到充分發揮，而他們在充分發揮才智時不會受到干擾。

資源總量不足的問題，一部分是資源分配不均、資源獲取不便這兩類問題帶來的，另一部分是人類需求膨脹、過多浪費的行為造成的。因為人類多次勘測的經歷告訴我們，地球本身蘊含豐富的資源，如果只是解決人類生存的基本問題，資源是足夠的。

那麼，實際上，這個問題就不是資源真的不夠用了，而是我們開採、利用的方式與關於資源利用的規劃不當。如果我們在資源利用不充分從而導致過度浪費資源的前提下無下限開採、索取資源，以達到刺激人類需求增加繼而追求某些經濟數字的話，那麼我們就是在一條不可持續的不歸路上前行，還未走到終點的我們只是暫時還不知道我們的終點是什麼。而資源的稀缺問題也在人類如此的行為下越發明顯。當然，這類意識層面的認知往往需要一些人付出代價才會被人類整體察覺。而我們正面臨著或經歷著資源過多浪費、沒有用到刀刃上的問題，甚至是這種促使我們每個人需求膨脹的全球價值觀所帶來的一些不必要的賬單與無意義的勞動。

我們理解這個問題越深刻，也就越能理解解決資源總量不足的問題的關鍵在於我們需要反思清楚自己究竟想通過資源得到什麼？那些終極幸福、快樂的目標在我們無限消耗資源的路上實現了多少？我們如何能夠直接得到幸福快樂，而且是以一種節約資源、更省力的方式？當我們還未想清楚這些問題與終極目標實現方式的時候，我們也只有先在優化開採、利用資源的方式上解決資源總量不足的問題，也就是解決資源分配不均、資源獲取不便的問題。上文敘述了解決此類問題的方法，簡單地說就是建立合理的資源分配標準與運用充分發揮人事物價值的資源配置方法，通俗的理解就是將合適的人事物放到合適的位置以發揮其最大的作用，並根據作用給出相應回報。還未達到這個目標的時候，我

們就總是處於一種浪費現有資源的狀態，這對我們來說是看不清卻實實在在的損失。

使用資源配置方法時還應注意一個問題，我們面臨的需要動用各類資源的情境有常規與特殊之分，特殊情境可能充斥在常規情境之中，但是我們往往只會尋求某種固化的簡單處理問題的方式，這使我們總是不能高效、充分、徹底地解決問題，從而使我們長期受到不斷滋生的相同問題的困擾。而常規與特殊狀態又在不斷變化之中，因此我們需要一種處理動態問題的資源配置方法，這就需要我們拋棄原有的簡單方式，將一定處理問題的空間給到能夠發揮作用的人事物，在這時應敢於重組資源，在每個時刻都應將合適的人事物放在合適的位置來發揮其最大的作用，當然，這一切的回報也會返給決策者與參與者自身。我們可以形成動態靈活的處事模型，也就是靈活重組資源的模型，比如一種未知傳染病毒出現的疫情初期，我們需要認知力與應變力強的人才做出使人類整體利益損失降到最低的方向性指引。如果這時我們選擇不當的人員與採取消極的應對辦法，我們就會遭到較大程度的損失。當然，我們在考慮重組資源的時候還需要認清一個誤區，就是人事物的優勢特徵並不是一成不變的，而是在不斷變化之中，並且人對人事物的認知難以全面透徹，在某些意想不到的場景中，原本認為無用的人事物就會及時發揮作用來解決問題，那麼動態的重組模型考驗著人們的能力，越是深入瞭解人事物背後規律的人，越能夠做好這樣的資源配置。

　　最後，我們回到資源上的終極問題，也就是我們應該如何利用資源以達到終極幸福、快樂的目標？便是做好對自己的分配。這需要先培養自己的思辨能力，讓自己能夠看到什麼是有用功與無用功，問問自己那些生活中充斥的干擾項是否有存在的必要，當我們消耗資源做一些永遠讓自己處於煎熬中的事時，我們應該及時告訴自己：該停止了！同時，應該思考是否有替代做此類事的方法，更好的方法是什麼？比如我們結交的人總是無限索取而對我們沒有絲毫關愛時，我們需要放棄他為我們帶來的短暫虛榮或自以為的陪伴。當我們逐漸將自己與這些干擾項拉開距離的時候，我們會發現生活不僅清爽了，也可以騰出時間、積攢資源做真正幸福快樂的事，而往往這類事我們會發自真心地做。這樣一來，我們會發現：不僅多餘的消耗不再產生，而且我們可以創造出超過預期的價值，甚至是巨大的財富。

第二節
人力資源

　　資源在人對人事物進行配置的過程中，成為豐盛的存在，而在所有的資源中，有一類是一切的主導，並且可以在健康的環境中不斷再生，這就是人力資源。但並非因為人的可再生，人力資源就不值得被人討論，僅僅憑藉它是一切的主導與它還未被充分發揮，人力資源的持續開發方面就值得被人關注，尤其是人力資源是如何從無法創造價值向能夠創造價值轉變這一話題。

　　這種轉變是人們在謀生中自然推動的，人們為了生存，必須付出一些代價，這些代價就是時間與精力等，而一些唾手可得、負擔得起、利大於弊的事物，因為可以省出勞動者的時間精力等成本而逐漸興盛起來，與此同時，有關它們的製造與獲取的途徑便形成了產業鏈。人力資源正是從這樣為己維持生存、向外提供便利中發揮其價值從而在回報上變現的。而這一切的盈餘都用金錢數額代表了，一般情況下，付出越多與創造的價值越大，金錢的盈餘便越多。如今人力資源的變現也是從付出與創造價值兩個維度的結合而完成的。付出是付出勞力、能力、智力、創造力、金錢等人所擁有的生產要素，創造價值是人提供便利他人的服務，這兩者需要結合才能變現，而我們既是生產者又是消費者的身份讓我們在你來我往的互利中滿足生存與生活所需，這其中的一切生產過程形成了完整的產業鏈，生產時期與同伴之間的關係形成了生產關係，而我們總是會為了達到更高效地生產與變現的目標而調整與重組我們的產業鏈與生產關係。

　　我們如今的生產關係呈現以人為主導且參與者都為人的模式，主導的人為參與資源配置的決策者，這一決策的權力自上而下層層授予，直到沒有決策權的層級為止，並且權力依次減少。所有能夠決策的人統一稱為決策者，除最高層級決策者以外的決策者、非決策者與其他事物一起成為被支配的存在。這一模式由於依賴決策者與所有受支配的人事物，於是，人們會注重對決策者的培養、對受支配人事物的選拔與補充。在他們一起創造價值

的過程中，決策者主要付出能力、智力，有時會付出金錢、勞力、創造力這些生產要素，受支配人主要付出勞力、能力，有時會付出智力、創造力這些生產要素，受支配事物則直接作為資源這一生產要素。

如今，勞動工具越發豐富、技術手段越發先進，行業與技術壁壘正在被飛速打破，並且出現了可以代替人類勞力的自動化機器與代替人類專業能力的人工智能。於是，人的勞力與能力將會被越發容易地取代，未來或許有一天，人的勞力與能力會被大範圍替代，而這時的生產關係與生產參與者也將發生巨大的改變，生產關係變為以人為主導協調其他人事物與機器的模式。人此時主要付出智力、能力、創造力這類生產要素，而機器主要提供能力、勞力、創造力這類生產要素，能夠付出智力、能力、創造力的人將成為生產中僅剩的人類。

但又由於機器可以取代無限多的人類，無形間創造了無限的生產力，生產力的極大提高會帶來物質的極大豐富，那麼，需求的滿足會越發容易，甚至是人過度投入勞作從而擠佔自身不必要的時間與精力使自己無法有生活空間來滿足需求的問題會被解決，那麼過度的勞作所帶來的身體上與精神上的疾病就不再出現。於是，人們追逐金錢滿足需求的動力便不再充足，金錢也就不再因為被爭奪而成為重要的存在，它便只會發揮出衡量價值的作用。在這樣的發展趨勢下，我們需要關注人力資源在變現這方面持續發揮作用的生產要素，即智力、能力、創造力，也就是才

智。而正是由於人類各種力量的無法解放等限制條件，才會形成如今的生產關係、生產力、商品形態與產業鏈形態。

那麼，我們需要重新思考一個問題：哪些限制條件是該維持的？哪些是該打破的？人類付出一切都是為了追求更大的生產力與全人類的最大幸福。在人才方面，我們越發需要認識到，人不該走向成為工具的這條路，就算人們一意孤行這麼做，也最終會被真正的智能工具完全取代從而使自己的努力付諸東流。與此相反的是，有太多實例表明，人類自身的才智這種關鍵持久的生產要素，只有在個人發自真心的自我開拓中才能發揮出來，並且在這個過程中可以形成源源不斷的力量推動才智發揮。人類生產中的活力與生機正是來自於人們做真正熱愛的有價值的事，也只有整個大環境允許人們擁有這一做事空間，才會正向促使人們逐漸發揮出個人智力、能力與創造力，而發揮這種才智會使人類在機器出現與否的不同情境中都發揮出個人與整體的最大價值。

人本身是多元產物，具有豐厚底蘊且具有成長性，人自身的複雜性本身就在孕育著人們的智力、能力與創造力，並且使得它們在實踐中不斷提升，可以說每個人在實踐方面的智力、能力與創造力都一樣強，人們的興趣、意願、積極心態都可以牽引自身在努力的實踐中習得技能並發揮潛力，從而創造出價值。並且人類是一種情感動物，任何拋開情感的工具性行為都會給自身帶來束縛、身體透支與隨之而來的痛苦。而人的智力、能力與創造力是無限的，人需要向內挖掘這一生產力與個人價值，將充分實

現社會價值這一外在需求與充分實現個人價值這一內在需求相結合。

那麼，社會需要為人們的才智發揮提供怎樣的條件呢？應是：組織一些使人們才智得到訓練、展現的活動；提供豐富的便於隨時隨地學習的機會；在儘可能多的行為中引導人們發揮反思力、創造性、情感化、意義感的顯著優勢；拋棄無用、表面、無法長期有效的訓練，將人才才智判斷標準從片面中調整過來，探索全面、可行的才智分析、評定方法；以人的才智與個人特徵為參考提供適合每個人發展的路徑與機會；培養人們在自我滿足的實踐中提升個人才智；儘可能多地發現人們優秀的產品與作品，使其得到充分展示，並為人們對接一些相適配的社會關係與資源；提升智力方面，重點培養人們的底層邏輯；以才智與自願為前提，使人才充分流動起來，因忽視才智而固化在某一位置的人，將不再擁有權力與榮耀；給予人才充分的發展保障：每個人都擁有個性化發展方案與它的自主調整權、每個人都有用之不盡的實踐機會；釋放終將被機器取代的人力，使其不再為人類整體造成不必要的內卷與焦慮，並大力發展可控的智能機器，作為社會福利。

只有讓人真正成為自然的人，並真正認識到人自身的無窮價值，才能使每個人參與自我開發、實現自我價值，與此同時，社會價值總和一定會空前增多，因為這是人不斷再生、組合之下翻倍的價值，這就是人力資源真正的價值與發展方向。

第二章

教　育

　　當人的發展方向確定後，接下來我們需要確定一些可以實現的目標，再運用教育的方式確保我們的規劃可以在實施時有效承接並且實現目標。教育最關鍵的作用就是將人們的實際情況與目標緊密相連，使得個人能夠自主達到目標，推動個人不斷形成更優的文化與能力，最終使社會環境和個人生活成為美好的存在。這就是教育的起源。

　　我們會越發清楚地認識到，任何不符合自然發展規律的目標與行為都無法讓我們實現預期目標。比如我們強迫孩子成為別人，這不僅無法實現，還會給彼此造成無限與難以承受的痛苦。教育之難，在於難以在過程中遵循自然，也就是難以順應人的個人特性與認知發展的規律、相關事物的因果，學習中的各種行為也難以自然而然地一脈相承。因此我們在教育他人的時候，需要丟掉自己的一廂情願與異想天開。但是人們常常使用誤以為是教育卻早已偏離教育本身的方式，只有有效的教育方式，也就是符合自然發展規律的教育方式，才會真正發揮它的作用。

　　而容易失誤的也就是不符合自然規律的做法，即確立極端或不合適的目標、制定不可行的方案卻強制執行、不遵循事物自然的發展規律與節奏、對於不符合預期的現象沒有探究與及時止損

等，它們在強制執行後通常不會產生好結果，要麼是人的預期沒有達到，要麼是社會問題增多了。這是因為在一些不合適目標的誤導下，人們以為某些互相干預的行為是正確的，因此拼盡全力達到這個狀態，使人們在隱約間共同抑制他人美好生活的達成。

這是由於時代、環境與方法的局限，讓我們認為某種快速解決問題的辦法就是真理，因為它會為我們帶來短期利益，卻沒有意識到問題的真正解決，還需要滿足其他的條件，也就是解決問題本身。比如，經濟問題的形成，是由於各種資源的「稀缺」，使得我們需要以經濟的方式來儘可能多地與合理地滿足人們的需求。那麼我們需要解決的是資源受限與需求膨脹的問題，發展經濟自然是一種方法，但這是不夠的，甚至以此構建的某些目標或情境是與最終目標相悖的。那麼我們尤其需要識別一些對美好社會造成干擾的因子，並在一定程度上控制它。因為人對這些干擾因子稍有忽視，它就會壯大起來，從而破壞掉來之不易的公平與安寧。個人生活得美好與群體生活得美好本身並不衝突，不是零和博弈的存在，而是可以共存的，因為資源，尤其是人力資源與其產物是充沛的，而人們基本需求所需的資源也是充沛的，地球孕育人類的同時就為我們提供了充足的生存保障。產生衝突的是眼界與方式的局限，這將我們對立起來，而不是團結起來。但是一些合理的不阻礙人們共贏的過渡性方式，如建立某些秩序或規則，也有它存在的意義，因為它們可以避免一些不合理的浪費、建設緩慢與認知短淺所造成的問題。

　　基於此，我們如今在教育中需要關注的就是避免人們形成互相衝突的認知，遇到衝突引導人們積極與巧妙地化解它。我們也需要給每個人自由、全面的成長空間，給予成長中的人們更多包容，這樣人們才能在各種機會中成長起來。

　　當我們逐漸明白了每個人都有其價值時，我們便會放下對於勝者的崇拜，因為勝者是我們在環境受限時期通過犧牲他人發展機會而快速引導出來的。那時，有限的勝者可以做出使全體人類受益的事。而如今，勝者帶來的意義正愈漸枯竭：生活中獲取物質的基本路徑已搭建完畢，能夠擁有脫離勝者也將持續運轉的方法。這時我們需要將人們的更多價值釋放出來，因為已經是多多益善的情況了。而當所有人的價值都釋放出來後，我們才能看到最初的勝者往往是某一方面的建設者，在其他各個領域，人們都能綻放光彩。那麼我們也就不用再強行使無關的人奮力走上勝者之路，而是擺對他的位置，為他提供機會就好。

　　人類的價值釋放是我們做教育時需要關注的一個方面，還有一個方面也是需要關注的，這就是美好社會的助推器——高尚品格。首先我們需要瞭解的是，品格有其成長土壤，我們不要責怪一棵樹，而要盡力為它提供養料。一個健康與美好的人，才會向外輸出美好，自己是否想要成長得健康與美好，也來自於他是否感受得到健康與美好的魅力並愛上它。實際上，這個世界留下了許多寶貴的記錄，比如雪中送炭的陌生人、善意提醒的身邊人、無私付出的建設者，甚至是影視作品塑造的一個個堅守信念、捨

生取義的人物，他們在我們從小到大的成長中為我們帶來一次次震撼與感動。並非因為他們是異類，而是他們的內在已經是健康與美好的狀態了，即便他們沒有向外界付出，也有能力讓他們自己滿足與感動，他們收穫到了地球母親的最佳饋贈——人自發的高尚品格所帶來的幸福感。當我們愛上這樣的人，並嘗試成為這樣的人後，我們才能越發體會到品格的妙處。而實際上，物質的價值在世界發展中正在被逐漸淡化，但是，有一類事物始終不會隨著時間的推移與世界的發展而喪失光彩，這就是高尚品格。生命來去，品格長青。歲月數載，一直引發無數人付出愛的、始終閃耀在人世間最有價值的便是高尚品格，這是大自然的複雜產物中最珍貴的部分，它帶來的是自我生命與他人生命的完美終結。

每個人的生命終將逝去，真正為我們的生命帶來慰藉與感動的是什麼？哪些讓我們覺得不枉走過此生？無論有多少人不清楚，也還是有一些人記得真切。不過，這就夠了，精神上的價值最終都會通向自我感動、自我滿足，這是我們對自己最好的交代。當我們的人生價值實現、高尚品格形成之時，我們也將成為歷史上的英雄，這並不是爭做什麼勝者，而是自然而然地成為了自己的英雄，慢慢地，也就成為了別人的英雄。

第三章
社會文化

在我們通過教育的方式實現全人類價值最大化的同時，有一種可以影響人類命運的事物在悄悄生長，這就是文化。無論教育的大小目標是否達成，文化卻總能以最適應某個群體的姿態落地於現實生活。

但文化不只有一種姿態，而是經各階段所有人試驗出來的實用性觀念、實物與方法論的總和。因此，發現與決定文化內容的是人，而文化的影響也會直接作用於人，從而影響人類的各方面。那麼，人類也就有必要專心探究文化中對人類各方面有益的觀念、實物與方法論，這才能進一步將對人類產生不良影響與含糊落後的文化辨析清楚與摒棄。此時，有益的文化可以幫助人們在各方面快速進步與收穫利益。

尊重文化的來歷與意義，我們便需要將文化中的實用性擺到重要的位置，考量哪些需要進一步討論，討論的結果也自然會被全人類關注，如果我們探究沒有實用性的文化，人們自然也不會關心它。如果我們在人類實用性的文化方面有了突破，那麼這樣的文化就會對人類起到滲透、團結、革新的作用，並且使得人類廣泛接受到更高的智慧從而讓個體直接地指導自己的人生，那麼我們就可以破除過往蒙昧所帶來的亂象、悲劇，成為一個更加明

智的人來主動把控自己的人生與周邊環境。

而當人人都這麼做時，我們彼此間就會形成「團結起來對抗蒙昧」的積極文化，使得明智處事的人與方法遍及各處，這時我們不用再為人類的蒙昧與疏忽所帶來的損失而憂慮，相反，我們可以踏實、幸福地在社會中生活下去。

第一節
文化的基礎：人都是同樣的脆弱

我們剛來到這個世界時，無憂無慮、無知無畏，這時我們會不斷生病、受傷、失望。逐漸地，我們適應了自己的身體、世界的環境，也掌握了基本規律，於是，我們能夠帶著更強壯的身體與更明智的頭腦在人生之路上繼續前行。人生路上，我們總要親自做出最終決策，而自己作為世界上最能與自己感同身受的存在，總會以最符合自身利益的角度進行考量，因此，我們能在每個關鍵時刻做出自己所能看到的最佳決策。我們早已習慣事事如此，便能理解自己這樣的行為，也自然會把自己的感受、利益放在最重要的位置。

我們慢慢地在這一慣性考量中加入了與我們親近的家人、朋友，便越發能夠理解他們的感受與認知。我們可以站在他們的角度考慮問題，在他們利益受損的時候，會感到自己的利益仿佛也

受到了損失，在一些破壞性事件發生之前，我們也會替他們考慮，從而使他們能夠提前規避各種風險。而這一切背後的原因，是我們視家人與朋友如同自己。他們和自己仿佛才是這個世界上存在的有血有肉的真實的人，而其他陌生人與不曾知曉的人們仿佛只是虛擬如冰冷物件一樣的存在。於是，我們越發能夠理解與自己相通、相近的人，而忽視與自己無關、相左的人。甚至，我們在面對那些使自己陷於虛弱、損傷中的人時，會奮力抵抗與激烈攻擊，哪怕給對方造成嚴重傷害也不會有一絲反悔。

但是，我們卻習慣性地忽視了，對方也是一個有血有肉的人，有著天真的孩童時期、有著保衛家人的心願、有著同樣的痛覺、有著同樣不夠明智的頭腦、有著一激動就想爆發的反應。我們為什麼就是緊緊揪住對方不放手呢？我們何必與同樣虛弱的人為敵？我們為什麼要彼此搶奪一些虛無的事物，再以此獲取成就感與榮耀？而與此同時，我們有能力想像到對方會因為被壓制、掠奪而倍感苦悶。難道我們不知道我們對他們所做的一切，也會因為成為流行的、不被質疑的行為而被其他人施加到我們自己身上嗎？我們已經太艱辛、太疲累，也已經逐漸沒有了心力來感知到手的快樂。當下的我們已經足夠虛弱，為什麼還不明白，我們一代代的人都已經陷入到數年積攢起來的生活疲憊感中。我們互相討要仿佛本應屬自己的事物，卻使彼此更加虛弱了。有很多人成為了一無所有、無家可歸的人，他們甚至會讓自己的孩子過上寄人籬下、流離失所的日子。

　　當人們逐漸賭上一切，但絲毫沒有得到回報、甚至虧空一切時，當人們明白後果並且深知已輸不起任何事物時，當人們獲知同樣處境的人身邊比比皆是時，我們才會明白，世界上很多的事物只是表面上看起來的光鮮，實際是虛浮無用的。對人來說，最根本的需求從來都是好好生存下去，擁有人最基本的尊嚴與生命基本的感受力。這時，我們就不會參與進一些「賭局」，也不會參與進一些「遊戲」，而是為最重要的事物實實在在地努力，保衛自己的家人與已有的利益，做一個消除弱點從而不至於更虛弱的人。實際上，年齡越大，我們才越能知曉，多少人還在生存線上苦苦掙扎，多少人擁有再多光鮮卻也鬱鬱寡歡，多少人的靚麗外表卻是精心包裝出來的，他們的內心仍然要忍受空虛、憂慮與孤獨，他們都不是充實與強大的。

　　一個個人，無論外在看來是什麼樣，無論擁有什麼，無論走到哪個位置，正因為都是人而事事相像，哪怕是遇事的第一反應、思考問題的下意識想法、擔憂的事物、遭遇挫折時的感受都幾乎一樣，尤其是當我們看到身邊的陌生人因為處於不利地位而歎氣時，便能夠理解：人都是同樣的脆弱。我們於世界而言，渺小得如同螞蟻一樣，只是人們聯合在一起摧毀地球時的力量比螞蟻更大，可是我們永遠都不應該這樣自斷後路。

　　我們因為虛弱，反而需要團結在一起互相幫助。實際上，商業的起源、社會的發展都是憑藉人與人互相幫助而推動的。我們

因為彼此都是弱小的，便需要互相關愛，彼此鼓舞，借助於眾人的力量在這個地球上踏實與暢快地行走。過往的人們因為感知到了人的弱小與團結友愛的力量，於是提出了以人為本、人文主義的觀念。如今，有多少人還不明白，就應該再多講幾次它們的意義，這樣也會促使人們動用他的心靈之力感知周邊的一切。當心靈之力越發強大後，自我感知到的快樂程度也會加大，對很多事物的感受便不再是枯燥乏味的了。孩子們的心靈之力是天然的強大，因此，他們的歡笑才是純粹動人的。

沒有一個人不值得同情，沒有一個人強大到無法無天。我們可以用心靈之力去感受任何一個人，他們都有自己的喜怒哀樂，也有自己的小小心願。那麼出於這點，我們就會自覺約束自己對他人做出傷害的行為。而我們越是堅定地以人為本，我們越會時常考慮到他人的安危，越會在不斷的考慮、自願的約束中，成為不願傷害他人、真心幫助他人的人。

第二節
文化與文明

以人為本的文化是眾多文化中最重要的，也是最基礎的思想。沒有該思想作為基礎的文化，不會被每一個人感同身受，它們也遲早會被人們淘汰，更起不到團結眾人的作用。文化，是某一個環境、階段中有實用價值的存在，如能夠表達人們普遍的想

法、感受而流行起來的觀念、實物或方法論，於是，文化是人影響人從而形成一切產物的集合，通常可以理解為影響範圍較廣的事物。而這些事物有著適用條件，即特定的環境或階段，因此我們需要重新思辨目前已有的文化，哪些有應用的價值，它們適用於什麼環境，哪些需要被人完全淘汰，而哪些需要被人永久保留，哪些文化在適用的階段到來時才有價值。

在眾多文化中，可以永遠發揮價值的內容，值得被留存與探討。那麼追求個人的智慧來辨析這一切就十分重要。這會使我們能進一步判斷哪些是真的有利於自己的，哪些是看起來與自己無關卻利於自己的，哪些是看似有利卻實際有害的。擁有了更高認知形成的智慧，我們便可以調整自我的狀態、制定出能夠帶來更大利益的目標、創造出更加美好的未來。

良好的文化導向，可以使每個人在提升認知甚至獲取智慧的路上飽含熱情，讓我們的社會呈現出一種人人科研的狀態。這時的我們不再擔憂社會遍佈誤導性信息與謬誤，而是相信真理越「辨」越明。眾多文化就在逐步發展的過程中，創造出一個個新現實，那些對事物發展有積極引領作用的文化，因為使世代獲益而留存下來，形成了文明，文明的內涵便是一種凝聚的精神力量。而這一切的載體與窗口就是人，一個人的身上可以承載著優秀文化甚至是文明，那麼他也會憑藉身上承載的文化、文明為他人帶去價值。

第三節
中國傳統文化

　　中國是一個善於創造文化的國度。因為中華民族注重精神追求，世代相傳一些諸如百折不撓、和諧友愛、追求真理之類的良好品質，而這些追求凝聚為了中華文明，推動著中華民族的艱苦奮鬥。因為中華民族善於探索規律、把握規律，善於將其製作為精煉的文字與圖形等各種形式的實物來推動大眾共同進步。於是，很多文化在世世代代人民的檢驗下成為了經典，其中蘊含的真理千古不衰。

　　而有一些思想類文化值得被我們永遠關注。

　　比如「塞翁失馬，焉知非福」。該成語講述的是公平的規律。因為人管理下的事物發展情況，可以反映出人的認知，正是因為人與各方面環境促成事物的發展結果，所以這個結果是合理與公平的。若還認知不清其合理性，便需要進一步分析該事件的成因來瞭解自身與環境的優勢與不足。但是更加公平的是，事物的發展總是合理的，暫時的結果是壞卻可能是好的，是好卻不一定永遠是好的。因為一切境遇的兩面性實際是在告訴我們，好與壞的間隔只是事物發展變化過程中的節點，那麼就存在變動改善期。只要把握了規律、抓住了契機、認清了原因並做出了改變，不因暫時的不滿就放棄，不因暫時的滿意就掉以輕心，就有可能使事態向好發展。

　　還有一句話：「二人同心，其利斷金」。深入理解便是：只有兩個人互相配合、一起解決某個問題，才能做到集中力量、取長補短，那麼他們成功解決問題的概率就會增大、所需時間就會縮短；但若這兩個人互相對立，那麼他們就會產生無限的矛盾，而這些矛盾又會附加到他們本來身處的問題之上，他們的處境就與二人同心的處境天差地別。那麼，我們在生活中需要明確各種利害關係與重點問題，在緊急時刻，我們需要團結一切可以團結的力量，為早日解決彼此共同的問題出力，若沒有辦法團結他人，就需要自行聚焦於關鍵問題並盡力解決它們，而不是忙於與他人製造更多矛盾。

　　又如「人無遠慮，必有近憂」。進一步理解就是我們在考慮任何問題時，需要多想幾步，把眼光放遠、視野放寬。如果只看到眼下得失卻忽視長遠發展、只顧局部得失而忽視全域利益、錯把困難當結果而放棄努力，就會導致我們早早放過嚴重問題，從而在未來造成嚴重損失時，因無法挽回而感到絕望。那麼我們需要儘早洞察事物的本質，杜絕問題進一步擴大，不因一時的風平浪靜而放鬆警惕。

　　這些經典文化講述的是人們的處世哲學，即智慧。這樣的智慧不僅極易喚起共鳴、凝聚共識，而且互相關聯，使得人人都能自覺接受並在互相影響中傳播它。這表現為：人們可以巧妙與輕鬆地運用規律，從而可以提高自身的處事能力與增大利益總量。

　　中國文化具有廣泛實用性。各個時代的人們都在不斷應用文化並推陳出新，在這個過程中人們的認知能力飛速增長，這就是智慧的力量。智慧是一種比知識更有力的解決問題的方法，因為智慧產生於更高的認知，便能直擊事物核心，即事物發展的源頭與原理。若人學會了將這種追根溯源的行為貫穿於事物發展的靜態與動態階段，人就可以對各個事物進行根本上與全方位的把握。那麼人們因為能對事物的發展追蹤，便可以總結與預測各個事物的發展脈絡。而這些脈絡可以在時間的維度上被看作一個個因與果，這樣簡單的因果研究方法可以用於任何事物的研究。隨著人們對因果研究方法的熟練運用，人們會以應用為出發點探究值得被關注的問題，對靜態與動態的事物做出全面、透徹的分析，並對未來發展做出預見。

　　因為人認知的有限，世間便充斥著複雜的事物，人們發明了一種高效的研究方法，就是將事物分類研究，於是，科學的方法誕生了。由於事物本身的紛繁複雜，劃分的學科與內部研究內容會更加數不勝數，因此，人在做這方面的研究時，會習慣性地將視角局限在一個範圍內，而忽視對事物整體的把握，尤其是忽視運用統合各學科的方法，這就會導致我們對事物瞭解不夠透徹、全面，進一步導致研究的視角越來越細化而無法直接與應用對接。這就是東方崇尚智慧的研究本質的方法論與西方推崇科學的知識獲取的方法論的區別。

　　當我們以獲取智慧為最終目標，並且在探索未知的過程中應

用智慧時，我們會發現智慧不僅可以解決生活問題，而且可以為人們的行為指明方向，而無數龐雜的知識通向人腦時若沒有智慧的統合，人便無法利用知識高瞻遠矚。

第四節
認知傳遞與形成共識

世界發展的規律有的在學科的理論中，有的在經典的文化中，但是這一切都需要通向大腦、使人形成認知才可以被人掌握。而這些規律是符合邏輯的，人的認知也是因為形成了通暢的邏輯而能被自己理解。那麼，教者需要探索用最通俗的語言或模型傳遞知識，目的是輔助學生對規律的認知擁有清晰的邏輯。而這一切知識、文化，以及未知的規律，都需要被每個人吸收以便形成自己的思想。思想是靈活、深邃的認知，可以使人快速、巧妙地解決各種複雜問題。這種思想可以兼容與統合許多知識，從而使人在解決各種問題時產生有用的見地。

兼容與統合越多知識的思想就越能深入到事物本質，這種思維便是高級的思想。它能解決廣泛、多樣的問題。最高級思想即智慧可以推動徹底解決問題的方法產生。形成智慧也成為人們探索世界規律、收集零散知識的終點。而判斷智慧是否形成的標準便是其思想成果是否具有普適性，一定範圍中，越普適的認知也就越貼近真理。以此為標準，人可以進行思想訓練的實操，以便

觸及客觀世界的真理與獲得智慧。普適認知會得到人們廣泛的實證，也就體現了認知的正確、判斷與決定的公正恰當。處於這種狀態的人，對自己和他人都是負責的，這時，自我也就容易得到幸福，不會製造悲劇、不愉快、後知後覺與良心不安。

那麼，這些經過檢驗的認知自然就成為了共識，某個時代形成共識的意義與天然的機理就是人人都對某個事物理解、共感、判斷相同，從而便於廣泛與重複地應用共識與集中精力共同探索新共識。而形成共識依賴於群體的平均認知，當群體認知普遍提高到某個水平時，認知就可以借助於形成新共識而得到進一步提升。這是形成共識的原理，其可行性在於集體的關注使某個目標成為行為優先級高的存在，集體認知在此時會共同進步，並且它具有連續性、互相驗證的優勢條件，這自然就給了集體實踐與集體提升認知的機會。而大眾檢驗後的某種普適認知就成為了共識，它便可以鏈接整個社會，個人也會借助於此實現自身的目標。

第五節
公正歸因

如果這些認知推動了良好社會共識的形成，那麼社會的問題就能夠被及時解決，而且普遍的共識也可以消除問題滋生的空間。若一些重要的共識沒有形成，很多人就會一而再再而三地遭遇同一個問題，最終走了彎路、付出代價。

　　而所有認知中，有一類值得形成共識，這就是公正歸因。人若對於問題能夠進行較為客觀與公正的歸因，便能夠杜絕問題的再次發生，而且此類杜絕可以生效於生活的各個方面。若有一個方面歸因失誤，就會導致需要留意的人沒有留意並且未能做出絲毫改變，那麼也就為問題的再次爆發埋下了隱患。如果我們只看到了眼前的利益、平靜與假象就停止歸因，或者歸因到非根源甚至錯誤的部分，那麼我們將無法有效把控事態走向，這會導致所有與此相關的方面都產生嚴重損失。這樣的規律貫穿於所有事物，而我們需要重點關注的是那些有可能造成嚴重後果的事物。

　　如果有些小的代價承擔得起，那麼我們可以留出忽視的空間，只要這個代價是一個團體中的人願意彼此寬容、一起承擔的。但是，若一些事已經或可能引起嚴重後果，我們就需要認真對待了，例如，社會中一些重大輿情的事件，往往影響到了社會環境的公平正義。此時，社會如果不能及時從根源上解決問題、推動一個符合人心、大眾利益訴求的公正結果產生，那麼就會助長其他危害社會環境的事件發生，同類的事更會屢屢發生。這時人民的合理訴求無法得到保障，這會嚴重危及國家政府的公信力。若問題爆發後，調查問題的人無法獲知原因，在社會中，人民就會把政府當作第一責任人，並且因為危害社會的事件頻出，政府就會頻繁為罪魁禍首背鍋。

　　這個規律在平常的群體環境中同樣適用，當群體環境無法達到合理、公正、高效的狀態時，群體中就會產生無數不合理、不

公正、低效率的事，這會危害群體環境、社會乃至身處社會環境中的每個人，甚至會使眾人之間產生越來越多的矛盾，最後使團體中的人貌合神離、分崩離析。不過，這一切終究還是公平的，無論歸因有多麼不公，產生的施加於人的影響卻是客觀、公平地發生了。

那麼，我們需要認真對待生活中爆發的較為嚴重的問題，首先需要對此進行公正的歸因。歸因的方法上，優先反省自我過錯，而不是推卸責任，若是自我的過錯，我們便需要從根源上直接解決問題。最不負責任的做法就是明知自己有錯卻將錯誤推卸給他人，這不僅無助於問題的解決，還會激化矛盾，把本身是幫手的他人推到了對立面。這是辜負自己與他人的行為，長此以往，受到不公正對待的人就會背離自己，問題也不會被解決，最終便是自己承擔後果，並且後果可能會更嚴重。

如果我們在歸因時，走到一個以偏概全的思維誤區，我們就會在一切不同於以往的事件中麻痹大意，進而造成嚴重後果。因此，歸因這類行為不是僅僅制定一個常規模型，我們的每一次歸因都需要深入探究。日常社交中，除一些不公的做法會帶來極端事件以外，一般不公的做法雖不會直接、快速地給自己帶來嚴重後果，卻有兩方面的影響：一方面，一次不公的行為會形成自己思維與行動的慣性，使自己持續做出不公的行為，甚至在一些重要場合也做出此類行為；另一方面，對待他人不公會對他人造成損失，在人們普遍慣性認知的推動下，對方就會伺機討回利益。

這些對自己都是極其不利的，而對此不關注的人，就只有在問題爆發後才會嘗到一個個苦果。那麼，無論我們在哪種境遇、哪類環境中，都需要公正歸因，並且維護一個公正的環境。

歸因錯誤產生的原因有的是人能力上的問題，有的是人有意歪曲事實，無論哪種情況，公正的環境因為利於大眾而應被重視。若每一個歪曲事實的人都肆意妄為，結果就是他們自己在沒有勢力的方面也會遭遇不公正的對待。而正是由於越來越多的人認識到了這點，人們便重視與做到公正歸因了。比如，我們遭遇並發現了一個騙子，就會曝光或舉報他，從而使他人免於被騙，也使騙子不能再繼續行騙。另外，我們發現某人行事不當，我們會採取適當的方式促使他察覺與改正，從而使得彼此都處於和諧、公平的境遇中。那麼，一些破壞公平的行為就會被群體消滅了。

其實，在不知不覺間，我們每個人都成為了法官，因為有人的地方就有公正的審判，也就實現了天下為公。哪怕一些人只是在生活中秉持公正的態度，他們身邊也很難再出現源源不斷的不公了。

第六節
認知誤區

　　若想準確把握事物，並且做出公正的裁決，我們就要掃除認知上的慣性誤區，慣性誤區是我們十分容易忽視的問題。

　　我們首先需要關注一類慣性誤區，它使人在求知的路上難以前進，它就是人們對於實現理想的誤判。當我們在求知中，將某個目標看作遙不可及的存在時，我們就會直接放棄它，但可能實際付出的成本並不多、承擔的風險也並不會危及自身，這是由於我們在求知中，容易將未知的一切都視作不可信的事物。理想往往被人們視作難以實現的願望，是因為人們習慣於探討理想中的已知內容，從而無法看清事物全貌，在實操中就更沒有把握，也就無法證實理想是正確與可行的。此時，人們僅僅把已知中邏輯正確的部分視作真理，將未知的一切視作迷霧，甚至直接稱其為異端，這是不夠謙虛的，是缺乏科學探究精神的。當這樣一種不謙虛的態度成為了處事習慣時，我們便難以對人類未知的一切再做出新的探究了。

　　接下來容易發生的誤區是人們在具體探究的時候，容易將目光投向瑣事。我們在解決、看待問題的時候，研究方向是自上而下還是自下而上的？人們常常關注眼前具體的事物，也就是自下而上進行探究。這時，雖然我們對於事物有了切實的把握，但是

難以將它們再與同一層、高一層的事物相關聯，因為關聯時，我們就需要尋找更高一層的邏輯支撐，需要將研究不斷延伸，才可以將同一層事物相互關聯，這是繁雜的，僅僅自下而上推理，是稍顯無力的，容易被無數零碎的事物迷惑雙眼。解決問題的視角不應是單一自下而上的，而應是自上而下與自下而上相結合，並且在論證時期再設置處於上下問題之間的中間目標，再由中間向兩端反復論證。

還有一個常見誤區出現在我們做出結論之後，便是，人們沒有找到解決問題的根本方法而給自身帶來困擾。當我們選定某種誤以為是辦法的辦法後，就會使問題頻出，不當的解決方式會帶來更多的問題，使更多的人陷入持續的混亂中。因此，我們需要甄別非根本的方法，始終保留尋求最佳方案的窗口，才能逐步找到根本方法而將問題徹底解決。

最後一種誤區是人們經常忽視常識推理的作用。成熟理論在推出之前需要經過人的多次驗證，而有些具有應用價值的內容，是可以由自己常識推理直接得出並應用於自身的，但是我們往往無法精確地衡量事物，而精確地把握事物在生活中往往是沒有必要的。我們如果忽視了這個問題，就無法形成有效解決問題的對策，便會在無效的方法中不斷地走彎路，因此，我們需要掌握一定的推理常識。推理常識可以是模糊的，可以是簡便的，但是要儘可能接近真理。這是我們需要的、有價值的信息。而一些推理

常識，在生活中已經被我們習慣性地運用了。我們並非在遇到每個問題的時候都要翻閱各種資料、做大量研究才能找到方法，而是憑著推理常識直接快速地解決問題，在解決中自行驗證。這其實是人們處理問題時運用的一種「性價比高」的方法。但它並不是從天而降的萬能方法，它依賴於人們客觀與嚴謹的科學態度、足夠的認知與常識、強大的邏輯推理能力。如果人在一個方面有所欠缺，他便難以自行尋求到有效的解決辦法。

第七節
追求真理的態度

想要擁有客觀與嚴謹的科學態度、足夠的認知或常識、強大的邏輯推理能力，人們便需要一種推動力——追求真理的態度。追求真理的態度就是尊重並渴求事物發展的規律，而追求真理的推動力會使人在求知的時候意志力最強。因為人們常常陷入各種誤區和迷局中，百折不撓地追求真理便有助於掃除障礙。上文所述，科學求知中最大的謎團在於，科學反映的是事實真相，但在人類求知歷程中，發現、猜想、計劃往往早於「可見」的事實，我們對於未知事物常常把握不准，但是我們往往只願意相信已有的某些認知，而反對與其相反的觀點。如果人對某一未知事物的驗證結果是未知事物的存在具有不合理之處，許多人便不會認為實現它的各類猜想是正確的，甚至認為這些猜想都是荒謬、錯誤

的，並且很難認為是早期實現它的過程中實施方法的稚嫩導致實驗失敗的。有些猜想是錯誤的但大方向是正確的，我們就會因為實驗得出的消極觀點而輕易否定它，在這些情況中只有很少的人會堅持搞清楚一切，大部分人一早便放棄了。

雖然難題交由毅力與能力兼備的人更易被解決，節省了大部分人的時間和精力，但是大部分人往往會對進一步的探究施加干擾。這時我們需要留出追求理想的空間，如果無法論證某個論說或事物是完全錯誤的，就應該由專人進行持續的研究。這種開放的態度，可以讓我們不以封閉、消極的態度看待問題，我們才能找到方法、獲知真相。越多的人擁有追求真理的態度，人類整體的認知會進步得越快，而這一切成果最後都會或明顯或潛在地改善每個人的生活。

生活中，每個人都會遇見大大小小的問題，我們可以在一定分寸的處理中巧妙化解一些問題，但是，重要的問題需要我們去辨析真相、從源頭上解決，才不至於讓自己在長年累月中反復遭遇問題而丟掉激情、精力、金錢、前途等。那麼，我們在日常生活中應該如何追求真理呢？我們並不需要讓自己在每時每刻都去認真地做研究，而是在解決重要問題時，保持謙虛與開放的態度，以此追尋因果關聯、盡力從源頭上解決問題。

真理自然包含了真相。如果我們連真相都辨析不清，那麼有關真相的一切事物與它們的發展脈絡，我們便無從得知。而生活

中隨時隨地都充斥著需要我們辨析真相的事物，比如網絡信息、身邊重要信息等，我們不知道它們的真假，就會被別有用心的人帶偏與利用，長此以往，我們自己會做出很多不公平的事，從而造成不良影響，有些不良影響甚至會通過其他人與事返給自身。

我們的生活本身就是世界規律所編織的，我們做的任何一件事都有其規律，比如我們在烹飪美食時，經過一定的操作、添加一定比例的食材和調料就會做出相應口味與品相的食物。那麼有些人就可以從某個食物的外在剖析其用料與步驟。只要帶著熱愛看待身邊的一切與自己，我們會發現很多事物的真相、事物的巧妙關聯、新的解決之道。世界有多大，趣味就有多普遍。真理無處不在，並非遙不可及，反觀身邊的一切，就知道自己與真理的距離有多近。有心的人早已從這些規律裡找到了幸福的真諦。

值得注意的是：追求真理，並不是窮盡一切規律的執念，這種刻意行為會給自己套上枷鎖，我們只需要在平時探求與自己相關的事物即可，如果自己真的是一個發自內心熱愛真理的人，那麼自己便不會陷入急功近利的虛空與煎熬中，便會在追求真知中樂此不疲；追求真理也不是絕對的永不放棄，這樣的意志力是具有積極意義的，但是絕對的、並非遵循規律的行為就如飛蛾撲火，此時，可以優先為不放棄的行為尋求各種理由，來支持不放棄的意志，如果找尋不到理由，應適時放棄。

　　一言概之，追求真理可以幫助自身通達幸福，我們可以通過掌握規律、順應規律規避風險、改善生活，最終享受到規律與明智所帶來的便利與快樂。

第八節
解決生活中的問題

　　生活中處處有真理。其實處理問題就是在追求真理，處事的分寸不同，會帶來不同的結果，而這都離不開規律。我們需要把握這些規律並做出適當的選擇，當然，把握規律的練習可以從解決生活中的問題開始，解決生活中的問題就是追求真理的契機。

　　實際上，我們都在追求真理，我們把過往探索中收獲的認知稱作經驗。但是不同的時代，人們廣泛所需的經驗略有不同。這是由於不同訴求與實現它的方式的變化而導致的，也因為一切都是規律的外衣，大道恒常。那麼，我們可以從整體上把握許多規律，提升把握規律的能力，比如提升邏輯能力。

　　雖然不同時代，一時的認知所發揮的作用可能是短暫的，過往的方法與認知有些已不再受用，對於這部分的探索相當於從頭再來，但是我們可以按照本書提高邏輯能力的方法來提升認知。另一個我們經常遭遇的問題是：人類自身存在過多的蒙昧、身陷

過多的迷局，人便極易把片面認知奉上神壇，導致自己一直處於自我滿足與長期蒙昧中，所以我們在生活中需要丟掉有色眼鏡、拋開先入為主的觀念、除去他的經驗、重新認知與把握事物，並不斷追逐新知。我們往往在困難面前放棄重新探索的行為，而選擇直接應用過往認知，這時，我們需要解決自己的理解偏差，認清自身與前輩處境的差別在哪裡，同時選擇性地學習。另外，每個時代都需要時時鼓勵新人重新從現實中探索規律與解決問題的最佳方式，並形成適合當下生活的最高智慧的方法論。不對鴻溝、智慧視而不見，才能獲得符合規律的認知，才能改善生活。

然而，繼續在迷局中生活是效率低下與枯燥乏味的，甚至會使我們的利益受損，改善生活的機遇實際就在生活之中。而在操作方法上，如何解決低效的問題呢？便是尊重或成為下沉到規律中生活、做事的人，並且尊重所有的真相，由基層工作者參與決策。這是發現、解決問題效率最高的方式，處理問題時更逼近真相，此時不應鼓勵推卸責任的行為。每個人都為自己的行為負責，為自己的認知與行為買單，社會就先實現了基本的公平與安寧。若社會中仍然存在一批蒙昧的人，我們就總會遇見各種不順，因為認清規律的人可以順應規律、利用規律，但是蒙昧的人會不自覺地製造無數問題。

第九節
可應用的知識

　　每個人在生活中追求真理的行為，是切實運用已有學識與認知能力探求未知規律的行為，這實際就是做學問，是人從個人利益出發的、發自真心的學習行為。那麼我們首先需要避免一個誤區：人做學問不以道德和初心為基礎。這會使自己偏離終極目標，導致自己常常歪曲理解事物、自身言行不一，進而導致自己處於慣性的身心割裂狀態中，這又會使自己難以調節心理、無法精通學識，那麼，做學問時如何才能以道德和初心為基礎，是我們最先需要解決的問題。

　　而擁有正向的初心，也就是真愛的心態，可以使人研究動力充足、輕鬆觸及本質。若人們處於與此相反的狀態，就會使心理扭曲甚至精神失常，所學到的也會是未經大腦吸收的皮毛，這樣的知識學過了遺忘也快，長期來看，是做了無用功。因此，我們需要推崇自發「真學」，也需要將所學運用到自己的生活中去解決問題，如此行事，我們自己的視野便能得到拓寬。而每次妥協想要「死學」時，考量兩個問題：自己是否對此毫無興趣？是否還有感興趣的部分想要一探究竟？如果實在沒有興趣，需要儘早將學習目標轉移到其他感興趣的事物上，只要保持好奇心，就總有機會與規律親近。

　　以應用為導向，我們做學問就不會長期不落地，也不會做不落地的學問。不落地的學問是空中樓閣，不以落地為目標的學問在想要落地時，也會因為各個因素的變化而發現某些認知已經過時或偏離現實。而無論學術成果是否能夠落地，具體的方法論基本都需要講明適用的條件，不然真偽無法辨別。實用是學術最終的目的。

　　另有一種學術上的誤區，是不斷研究一些人造的小概率情境。數學學科中一些虛擬的情境是來測試眾多錯綜複雜的規律如何被巧妙運用，這本身是有意義的，可以鍛煉思維能力。但是假如專門製造一些情境，以此為由做一些已知規律的實驗，就小題大做了，也創造不出新價值。另外有一種相似的行為，也能創造一定價值，但是應用狹窄，就是對已知規律做毫無目的的排列組合。那麼我們需要首先辨析每個研究的目的是什麼，儘量做發自真心、有實際價值的學問，多關注於事物形成的原理。我們作為帶著蒙昧的人，總是會將夾雜很多問題的主觀想法置於科學研究中，這時對於主觀想法進行一定科學訓練是必要的，應使直覺、推測、假設或對它們的調控處於科學的狀態，而不是完全不顧主觀的作用。

　　科學與人文之間應以人文為主導推動證偽，因為，畢竟人們是以獲取、利用知識為媒介來改善生活的，而不是犧牲生活只為了獲取、利用知識的。而一切事物的最終結論或是初始原理，都是十分簡單的，這部分恰恰對我們最有幫助，可以對解決問題做

出方向性的指引。因此，我們需要在以人文為主導的基礎上，關注事物形成的初始原理，並探索如何簡明地使用它。

第十節
有效的家庭教育

每個人都有探索規律的天性。人在孩童時期的貪玩體現的正是探索的天性，因此，我們需要關注孩子的這一天性，並使孩子保持天性，成人需要煥發自己的探索天性，讓自己重回孩童時期的活力，這些都需要良好的家庭教育。教育也是成人在應用規律方面的實踐活動，良好的教育具有普遍有效的價值。

處理好家庭教育問題，會使全家受益。而有些人把家庭教育看作對孩子的強迫與指導，過分依賴於其他人對孩子的要求，忽視了良好家庭文化對孩子良好發展的促進作用，因此無意識做出了危害孩子身心健康的事。

作為孩子最親近的人，家長表現出的一切優勢與弱點都會被孩子優先學習與模仿，那麼父母以身作則就十分必要。如果一個家庭形成了良好家庭文化，就會使孩子深受感染並獲益終生。比如，父母作為示範在生活中追求真理、重視生活中的身心合一、追求美好的生活方式等。家長做這一切並非難事，也消耗不了額外的成本，因為這些良好行為不僅可以使自己更好地處理問題與

享受生活，還可以使自己得到額外的獎勵，便是親密的親子關係所帶來的幸福感、在親自培育下一代的過程中與孩子共同進步所帶來的成就感。孩子剛剛被家長帶到這個世界時，只能依靠家長，只能瞭解家長，喜怒哀樂也被家長牽引，其他事物離幼小的孩子還太遠。在孩子面前，家長天然擁有影響孩子一切的能力與權力。孩子作為自己親自孕育的存在，與家長處境一致、感同身受。家長承受的痛苦，孩子在默默承受，家長施加的痛苦，孩子還要承受。

孩子剛來到這個世界，都會單純地觀察與思考一切。孩子對於許多複雜事物缺乏認知，他們單純又天真，本身是極易感到幸福、快樂的。孩子痛苦時也一定是無比失望、悲傷的，而這更多是父母這道最後防線的失守所帶來的。面對打擊，尤其是超出孩子忍耐力的打擊，絕大多數孩子無力消解，要麼消沉下去，要麼進行反擊。反擊時，不成熟、不會調節情緒的孩子無法站在更高視角兼容錯誤，從而向外尋求發洩，在這個過程中容易受到惡的侵襲。沾染惡的孩子，會疏離父母，與父母對立，最差的情況會危害父母人身安全。那麼家長從關愛與自利角度也應該掌握與孩子相處的分寸，不向孩子發洩情緒，尊重、接受、包容這個暫時幼小、不成熟的個體。而有時，事實並不是孩子做錯了，只是家長有意尋求發洩或是單純地不理解與誤解孩子，面對這些問題時，最好的方式是家長優先疏導自己的心理，再來疏導孩子的心理。

而想要擁有這樣的能力，家長就需要對事物發展有透徹的瞭解，只有這樣，家長才能快速解決問題、調節心理。實際上，家庭教育就是帶著孩子做自我教育。家長對自己的教育做得優秀，孩子對自己的教育就不會做得差，而對孩子的教育最應該做的，就是培養孩子主動探究一切的精神，這會讓孩子的前進不再僅僅依賴外力的推動，這正是在培養孩子學會對自我的教育，包括學會疏導自我的心理。這是有效的非病態的家庭教育。當孩子學會探索各個環境中的「最佳」生活方式時，孩子對自己的人生走向就擁有了掌控力。

第十一節
個人發展的因果脈絡

我們逐漸擁有的對人生的掌控力，會促使個人向良好方向發展，想增強這種掌控力，就需要瞭解一切事物的來源與走向，尤其是關於自我發展的問題，我們更加需要瞭解「我」在發展層面上的來源與走向。

「我」從何而來？社會狀態的「我」是從前人所做的犧牲和貢獻中來的。比如，今天我們用到的一切高科技產品、較為公平的規則，以及所處的越發開放與包容的環境等，都是前人探索的成果，是這些成果得到了發揚。但是社會在不斷發展，過去的成果有些或許已不再適用，我們需要探索新的問題解決之道，而那

些能夠被人們廣泛應用的方法、成果與其背後的研究者便成為了
典範。

那麼，我們會越發理解：個人發展的因果脈絡是一條繼往開
來的不斷解決問題之路。因此，將個人價值與其關聯便會促使個
人良好發展，直到個人取得一個個突破。而且在如今的探索中，
我們也需要將前人探索的境遇、方法、成果與當下某個特定環境
的關係做進一步瞭解與融合，同時做到在事物發展的脈絡上承接
順暢，使我們的發展走在有根可循的路上，並走向合理的方向，
如此才能維持可持續的發展。這與我們積極解決生活中問題的行
為大同小異，都是在積極探究規律並找尋破解問題的方法。

我們因為解決了生活中大大小小的事而使自己享有便利、感
到樂趣，從而促使自己將這樣的態度與行為貫穿於生活中。在這
樣的堅持下，我們的各方面能力會逐漸提高、眼界會逐漸擴大，
我們也就越發有能力去解決社會問題或全球性生態環境問題了。

第十二節
如何獲得此消彼長的短利

當下，深受人們關注的還是基本問題——人的生存問題。這
方面的問題如今還沒有廣泛良好的解決方法。人的生存問題包括
衣、食、住、行、安全、健康、教育、就業、養老等基本生存與

生活保障問題。安全問題的解決需要人們的團結,健康問題的解決需要良好的文化與先進的技術,其他基本問題便是生存問題,則需要以經濟與文化的方式解決。這也是後續討論生存問題時的重點。各種因素導致每個人的一生都會付出大量時間、精力、腦力來思考解決個人的生存問題,因為生存問題的各種因素不受控制地出現,生存問題便爆發得隨機與頻繁,在很多還未遭遇但稍有跡象的境遇中,人們也會面臨它。

當生存問題成為個人重大問題時,解決它便成為了個人的最大需求,那麼個人的目標就是如何避免生存問題而不是更好地生存了。每個人都會在這樣的妥協中尋找快速的、可控的生存問題的解決之道,而沒有更多空間與心情找尋一條最適合自己的發展之道。而站在社會層面上看,適合的道路會比妥協的道路帶來更多的自我價值與社會價值。在這方面,積累了足夠財富的前輩可以擁有更多的機會找尋適合自己發展的道路。適合的路不是不勞而獲的路,而是可以充分發揮個人價值的路,是使自我內、外在與社會短、長期都得到回報的路。並不是只有大的成就才能讓人和社會都得到回報,引導個體內、外在發展得合理同樣可以。而來不及探索這條路的大多數人在極大的不安全感下寄希望於以最短的時間獲取最大的經濟回報,來彌補之後長時間生存的不確定性所導致的損失,這會導致各種生活所需商品的獲取代價大大提高。當這種現象成為普遍現象時,所有人付出會更多,我們一方面謀求獲取最大,一方面花銷最大,而那些獲得經濟回報方面處

於劣勢地位的人便成為了最後的買單人，若買單的行為可以帶來回報，也是有人這麼操作的，但是，最後他們的損失也會找尋其他人去承擔。

整個社會的付出與回報是緊密關聯的，其複雜性與龐雜關係是不能被量化研究所窮盡與分析透徹的。但是它們都符合同一種規律，便是一切行為的發生，都是存在為此買單的人。而生產者在可回本的預期內與回本進程中的預算內都會繼續做出相關的行為，並且買單人的多與少與生產者投入的資本的多與少、生產者使買單人買單的博弈能力的強與弱決定了生產者回報的多與少，而當生產者的各方面成本增多或是生產成本被迫增多時，他們也會謀求回報的擴大。我們所看到的物價的此消彼長，就是相互博弈的一系列商業行為共同引發的階段性結果。有些結果是博弈能力的體現，有些結果是博弈手段的體現，有些結果是事物間關聯度的體現。而往往零和博弈導致了人類無法控制的生存問題的爆發，相當於全人類又為零和博弈付出了代價。

從社會層面上看，公平競爭是必要的，可以幫助人們抉擇普遍較優產品，牽引生產方向。不良競爭會阻礙普遍較優產品的生產，並且使各個行為主體走過多彎路、承擔過多損失，而當社會上大部分產品的生產成本大大提高時，就會帶來普遍的價格飆升，使幾乎所有人為此買單。

　　那麼作為個人，我們如何在此背景下謀求迫不得已形成的這種短利呢？主要的獲利方式上，我們需要選擇發展穩定的並且依賴個人能力的領域，這可以保證該方向與自身的可持續發展。次要獲利方式上，不為炒作的產品買單，只有如此，我們才能避免自身的過多支出、遏制社會的不良競爭，從而使炒作行為不至於形成廣泛高昂的物價。另外，如果我們逐漸瞭解到各領域之間此消彼長的關係，也就是博弈與牽制的關係，加上能夠較為客觀地估量產品的真實價值，我們便能以金融與創新創造的方式獲利，而且可以在鼓勵與生產優秀產品的同時提高自己的收入、在遏制不良行為的同時避免自身的損失。最後我們始終需要為自己騰出一定空間找尋自我價值，自我價值可以為自己帶來較為穩定與值得的回報。

第十三節
可持續發展模式

　　我們獲利的具體方式是投身於某方面的發展，因此各方面的良好發展會為每個人都帶來回報，從而使每個人的需求都得到滿足。為了使需求得到長期滿足，我們需要應用可持續發展模式，來保障每個人的各方面利益不受影響。

　　可持續發展模式中，有一類較為常見的手段便是經濟手段。經濟能力本身反映了人們對於可持續發展模式的理解與應用是否到位、人們資源配置時各個資源中的價值的發揮是否充分。而自殺式發展與一些不良行為都會釀造最終的經濟苦果。

　　自殺式發展是什麼？這是一種人們在謀求發展時做出的使自己自食其果的自殺行為，短期與長期的經濟活動中都有自殺行為存在的可能性。隨著人類認知能力的提升，人們逐漸能夠追蹤長期經濟活動中存在的得與失。而短期經濟活動的自殺行為往往被人們忽略，因為淘汰者基本都是沒有成功也就沒有博得關注，失敗後直接默默離場。經濟活動失敗的原因，除了投入產出比過大、被不穩定因素波及，還有採用不可持續發展模式，採用這一模式便是自殺行為。

　　這種自殺式發展最終懲罰的都是人們自己。短期來看，懲罰的是未尋求到可持續發展模式的大部分人，長期來看，懲罰的是成熟的大公司或某一時期的人類全體。而自殺式發展都有相同的做法，便是在任一方面產生了使人受損的影響從而自然推動自我毀滅。因為損害會引起同伴、使用者的警惕，他們便會自動放棄某一經濟活動，而損害嚴重時會立刻造成整個社會環境與自然環境的混亂與崩潰。這些影響會促使發展終結，這整個過程的變化速度會根據危害程度的增加而加速。或許在自殺式發展的初期，人們反而促進了財富的增長。

可持續發展模式實際是共贏的發展模式，我們需要大量的實踐才能對此真正認同。共贏的發展模式，往小了說可以體現在價格的優惠，在商家保障了自我利益的前提下，讓利使彼此共贏；往大了講可以體現在商業模式的設定，比如，一個金融理財師，在其信譽有所擔保的前提下，設計並應用一種減少客戶損失甚至不讓客戶損失的商業模式。

總體而言，可持續發展模式也就是共贏的發展模式需要儘早推廣到所有領域，這會規避許多風險，甚至是規避人們還未意識到的風險，而此時，我們能直接地創造真正的價值，所有生產者與消費者也都會在這種合理、穩定、充分的利益中生活。

第十四節
人與環境互相影響

在經濟活動中重新認識我們與地球的關係，我們或許才會看到人與地球是如何互相影響的。如今，全球更多的人已經認識到了過去人類所造成的全球性環境與資源問題。實際上，這是由於人們長期忽視地球導致的。任何事物要保證其正常運轉，需要兼顧它的各個方面，如果僅僅是索取、掠奪地球資源而不是促進其良性循環，地球就會因為失衡而產生各類嚴重問題，而這些惡果會全部返給人類。

人與環境間的關係如同病毒與宿主的關係，若是病毒將宿主致死，那麼它也將死亡。但是我們不是病毒，因為，人類的一些行為可以使地球更加美好。那麼我們需要擁有一種與地球和諧相處的生態倫理意識，愛護我們生存環境中的生物與資源，當我們看到它們時，我們應像看到了自己體內的細胞一樣，實際上，它們沒有多大區別。另外我們作為智力水平最高的生物，需要探索一種修復地球與回收利用資源的方法。

物質的豐富會帶來更多的垃圾，垃圾中的許多物品仍舊是可利用的資源，甚至是可以被我們直接利用的資源。而回收與利用資源的活動需要協調多個方面，如果不是擁有深刻的人與環境互相影響的意識，我們或許不會盡力探究最佳方式，而且在實踐時也可能因為阻力重重而放棄。但最終，一切後果，都將由人類自己買單。

第十五節
勇於接受、創造一個個新現實

人可以通過調控自身、創造事物的方式使自己逐漸處於滿足的狀態。但是，現實社會矛盾頻發，矛盾會給蒙昧階段的我們直接與間接地帶來出其不意的影響，使我們陷入困頓中。但是，我們中的一些人能夠突破困境、找到出路。

　　我們都處於「自然」與「社會」中。「自然」是既定的現實，等著被我們發現、接受；「社會」是人造的現實，發揮它解決問題、滿足需求的作用。我們創造過一些事物利於大眾，也製造過一些矛盾使人互害，這些也都可以被稱作現實。

　　當然，我們已經創造的利於人們生活的事物，如科學發現、科技、更優良的制度與文化等，當它們被發現或創造出來之前，是不存在的。這時，如果有人支持、肯定它，人們在早期往往會把他的言論當作不現實的或是異端邪說。這並不是眾說紛紜一類難以統合的事物，而是我們習慣將自我局限在一個短暫時空、有限能力、片面認知中考慮問題，那麼問題與它的解讀便是無從參考與眾說紛紜的。那麼，我們需要正視此類慣性誤區。當一些新奇事物無從參考，並且關於它的解讀呈現眾說紛紜的狀況時，可能是我們整體的認知與能力、事物的發展還處於某一個較低的階段。

　　但是在這樣一種難以統合的困難時期，還是會出現一個個人打破困境，他們會創造出對於廣大群體來講新奇又通用的方法用於解決問題。有些新奇事物沒有群眾基礎，而有些可以獲得群眾支持。那些可以接受的人們擁有更為開闊的眼界與認知，他們可以接受、創造一個個新現實，也正是因為人們的接受、堅持與付出，新現實才能真正落地。但是很多人受各種不現實思潮的影響，使自己早早就放棄了追逐本可以成為現實的積極事物。評說事物

是否現實的觀點最先能夠體現出評說人自己的綜合能力，但是真正創造出積極的新現實的人，毋庸置疑是人類的楷模。

人類在探索社會進步的路上，需要登高望遠，並將眼光放在如何將新事物落地的層面上，而不是給彼此製造層出不窮的難題，那麼，讓新事物落地的現實為我們說明一切。

第十六節
進步在哪裡是共贏的

我們越是瞭解矛盾頻發為我們帶來的影響，便越能感到可持續發展的重要性，也就更加願意投身於共贏式發展的事業中；我們越是瞭解人都是同樣的脆弱，我們越不會因為自己的處境強過了他人就洋洋得意。

我們追求進步的一些行為，在謀求私利的同時，會自然地為廣大群體帶來利益。但是我們的另一些行為，在為自己謀求私利的同時，卻會製造無數的矛盾。那麼，當人人都做出第二種行為時，世界上的各個層面中就會充斥著源源不斷、大大小小的矛盾，這些矛盾所造成的損失會影響、衝擊乃至抵消第一種行為所帶來的利益，甚至使積累的總利益受損，有時，這會使某方面幾乎所有人的利益受損。而這源於人的蒙昧，他們在還沒有受到傷害的困擾或受到困擾也意識不到時，無法認識到此類行為所導致的後

果。實際上，發揚第一種行為、改善第二種行為會使我們每個人發展得更好並更易感到滿足。在操作上，我們並不需要時刻分析利弊，而是帶著單純的心就好。相反，提倡第二種行為的人，他們自身卻在時刻分析利弊，使得身心一刻不得安寧，那麼，他們就算得到了再多的外物，內心都由於不安寧而感到不滿足。實際上，第二種行為帶來的便是共損。

隨著我們更加明智，我們出於個人利益的考慮也會走上共贏之路、矯正自身的第二種行為。共贏與共損，一個是開闊、單純、多利、幸福的，一個是蒙昧、算計、失利、焦慮的。而這樣的狀態在我們的生命中一存在就是長久的，並且深深融入到我們生命的每時每刻。對於有些人而言，別人擁有多久的單純與幸福，自己就擁有多久的算計與焦慮，甚至不由自己喊停。而這些行為的最初，人們只是想實現自我價值、突破層層限制而已，只是後來陷入了自我膨脹的陷阱中。

那麼，我們需要規避這樣一種風險，以實現自我價值與獲得自由、感到滿足與幸福為最終目標，走一條最明智的共贏之路，不為自己惹麻煩，這便是真正的得利，這種由內而外的、長久的幸福快樂是我們最應追逐的。

第十七節
生命真正的得與失

我們中的一些人放任欲望的膨脹，是因為他們認為欲望的滿足可以給自己帶來幸福快樂，實際上，這樣的做法是背道而馳的。欲望的滿足給我們帶來的不是快樂，只是快感，而快感是轉瞬即逝的。相反，快樂是心靈活動的產物，也是心靈特質發揮作用後所產生的感受。這些心靈特質潛藏在每個人的靈魂深處。童年時期，心靈特質因為不被壓制，心靈活動便自然地進行而給人帶來快樂。但是，隨著我們對心靈特質的壓制越多，我們便越發體會不到正常的心靈活動所帶來的快樂了，覺得周遭的事物逐漸變得枯燥了。哪怕還會經歷欲望的滿足所帶來的快感，心靈深處也總覺得乏味。

若想體會真正的快樂，就需要激發心靈特質。讓心靈重新煥發敏感、向善、公正、智慧與充滿愛的這些正向特質。而隨著心靈活動能力的增強，我們將收獲到更多快樂。若我們能控制自己不再跌入各種不明智所編織的陷阱，那麼我們就會到達永恆幸福的彼岸，並且這樣的自己因為可以規避風險與創造價值而獲得各種回報。但是，我們如果選擇相反的路，就會深陷內與外的迷局與苦海中，在快感形成的一個個海上浮木的慰藉下，毫無方向地倉促行進。這便是生命真正的得與失。

　　那麼，除了擁有能夠快樂的心靈特質，如何做才能控制自己不再跌入各種不明智所編織的陷阱呢？簡單地說，是構建全民實現自我價值的美好社會。當自己和他人都能夠發揚自身的長處、實現自身的價值時，我們每個人便能夠得到更好的服務和幫助，因為彼此的價值都得到了充分發揮，所有人都會對社會各方面發展做出正向引導，這時，每個人認知提升的速度也會更快，如此，每個人都可以被公平對待，於是，人們可以彼此接納、包容；因為每個人的認知、各種能力的充分提高與發揮，我們可以在各種協作中少走彎路、高效達標；自己也可以得到更多機會，也可以因為實現了更多價值而獲得長久的身心愉悅與更多報酬，從而，自己可以在可控中滿足自己的一些欲望，這時，我們因為瞭解欲望更多是短期需求，且物質欲易被引導與易膨脹，失控的膨脹只能帶來無限的痛苦，那麼，我們可以發自真心地避免欲望的膨脹；我們也能留給後輩一個更易生存與生活的環境。

　　當我們足以擺脫不明智所編織的陷阱時，那些蒙昧社會中崇尚的單薄美感與身心分離的成就便逐漸失去了外在的光鮮。用對生命負責的態度看待生命的得與失，我們會知道該做什麼了。

第十八節
生命的價值

當外界刺激我們重新考慮生命價值的問題時，我們的思考便會聚焦於自己：我的生命價值是什麼呢？這時，我們會跳脫短利得失的視角重新思考與探索自己的生命價值，並最終得出：我的生命價值除真正發揮自己體內的所有潛力以外，還有讓自己處於真愛狀態中、不去浪費生命中的每一秒、作為真正的人而主動活著、追求道德所帶來的靈魂暢快。

實際上，我們都習慣於「被動」地活著，睜開眼就可以行動，卻沒有熱情。我們雖然習慣於與人為善，但是對於獲得與付出真正的愛的概念卻感到茫然。我們在迷茫、干擾、爭鬥中虛度了光陰而無力改變一切，就連蘊藏在體內的力量也操控不了、無處應用。這樣的日子，我們的生命價值無從實現，該有的回報也都無法得到。但是，當我們認清了這一切時，實現生命的價值就成為了可能。

事實上，生命的價值正是生命的色彩，存在於每一個生命中，尤其存在於人的生命中。因為人擁有高級智慧，從而可以創造出更加豐富的事物，這些都構成了人生命的色彩。自身與世界的豐富都真實存在著，作為人，我們個人的一切優秀特質與潛能都等

待著被發揮，外界構成的自然萬物與生活百態也等待著我們去感受，這一切都是生命真正的價值。

想要讓個人潛能得到發揮，我們就要勇於體會與嘗試各個方面，這可以幫助我們磨煉意志、提升能力與陶冶情操。自然萬物與多彩生活的豐富，呈現於許多藝術作品與各類資源中，這些可以讓我們看到彼此的精彩與不易，而這種「看到」有助於我們跳脫小我的狹小視角，看到生命的多彩、自我之外的豐富，以及感到向外的精神探索所獲得的幸福比向外的物質索取所獲得的幸福要多得多。

因此，我們的才智得以發揮，我們自然便處於真愛狀態中，從而能夠激發出自我的生命價值，也就使自我的消沉、妥協、原地踏步不再發生，我們便不會再浪費生命中的每一秒，從而作為真正的人主動活著。同樣，我們由內而外的熱情與單純的愛讓我們毫無負擔、不用算計地生活在周邊的人事物中，而我們在每一次自我對道德的追求中收獲到了如陽光般強烈的來自靈魂深處的暢快。

這些來自生命價值的幸福可以撫慰人心、使我們感到生命真正的意義，從而，我們得以在悠然中無悔。

第四章
社會形態

　　人們自覺認同與應用的認知形成了無形的文化，決定它的是每一個人，文化背後匯聚的是集體的力量。而文化會對決策的形成與權力的運行產生影響，優秀文化可以促進矛盾的解決和歷史的發展。優秀文化是一種更具力量的無形事物，具有約制與協調的作用，由它形成的權力也有同樣的作用。

　　權力發揮其約制與協調作用的途徑是推出與實施舉措，一部分舉措是能夠長期發揮作用的制度，一部分是根據事物不同的發展階段而採取的調控行為。這些制度與行為會進而推動社會形態形成，構成了社會中各類事物發展的底層邏輯。事實上，這類具有調節作用的權力，正是人們在自然的探索之中逐步發展起來的，以達到集民之智、去民之愚、匯民之力、補民之缺的積極作用，因為權力可以在不說話的天道之外建立平穩、普適的秩序，從而避免了人們在普遍的混亂之中不斷製造各類損失，這最終會利於人們創造與享有價值。

　　圍繞著社會形態中的根本目標，尋求制度與行為的最優解是當權者永久的追求和唯一的意義。那麼，如何能夠實現全民的訴求呢？在開啟民智從而形成新文化的同時，人們需要將社會全方位建設為人類認知中的最佳形態。

第一節
集體、社會秩序

當我們從個人角度出發找尋到了生活的方向之後，我們便需要團結他人的力量來推動實現利益最大化。

我們如何理解這一切呢？有人的地方就有訴求，也就有解決之道。一個人時，這個人擁有對滿足自己訴求的主導權，這時，再加入一個人，就形成了集體，集體中的訴求和主導權就變了，訴求成為了多個人的訴求，訴求成為了集體利益，訴求得到滿足便是獲得了集體利益。這些訴求或許是相同的，或許是不同的，或許是大同小異的，而每個人都可以給出解決之道，但也有人根本就不知道解決之道，給出的答案裡有些是有效的，有些是無效的，有效方式中也有高效與低效的，解決之道體現了每個人的智慧與能力。

在如此繁雜的情境中，逐漸就產生了一種秩序，可以使一切有章可循，使得人們在兩人以上的環境中，自然地知道應該追求哪些利益，又應該如何追求。在沒有特定的秩序時，人們往往將發起者或意見領袖視作秩序的主導者。秩序便起到了在混亂中調和矛盾並尋求最優解的作用，秩序是能夠調和每個人利益與使最優解自然浮現的社會運行底層邏輯，秩序的最終作用便是推動人們的訴求得到解決，也就是滿足利益調和後的集體訴求。

　　在現實中，便是由某個人、某類人、規則或它們一定方式的組合決定著我們可以追求多少人的訴求、追求哪些訴求、追求的具體方式是什麼、方式中的最優解應如何產生。但是這一切會有不成熟的時候：主導權落在了某些人身上時，他們便會以自己的利益為先為重，甚至不再做出利益調和的行為，在遇到問題時更加不可能花費工夫引導最佳的解決之道出現，此時因為秩序的崩壞，越發失控的事件就會被不斷催生，這些事件常常影響到每個人，而亂象的爆發會使人們對於管理者喪失信心。而兩人以上的環境都可能發生上述不成熟的情形，並且人數越多時，人們對待秩序問題便越嚴格，而人數越少時，人們對待秩序問題便越隨意，這時，人們往往願意適當妥協並承擔一定損失。但是面對諸如一個國家的秩序問題，人們便會嚴格審視，對其容錯率也會放低。這是由於，一個國家層面的秩序可以決定所有人在很大程度上的利益得失，一旦形成了秩序，它便不會因某個或某些人的小眾利益或意見而變化，加上一些秩序管理者的不良操作不易被發現與糾正，秩序對人的影響便會一直存在而難以改變，於是，人們出於利益考慮也會重點關注國家的秩序問題。若一個國家的秩序還處於不成熟的階段，只要管理者願意不斷地虛心改正並建立更優秩序，那麼人們對管理者的不成熟處理方式會更加寬容。但是往往人們離最佳秩序都有一定距離，在這個過程中，人們可能會經歷主導的人以解決問題為導向卻不作為或無效作為的情形，也可能經歷主導的人直接不作為的情形。

那麼此時，因為秩序無法發揮其滿足人們需求的作用，人們就會自行滿足需求。如今，人們的認知力與各方面的能力都普遍增強，並且人們不善於管理情緒，那麼一旦社會失序，就會造成所有人在幾乎每件事上都爆發越來越多與越來越大的矛盾。這就會導致人們在最初的訴求無法實現或無法高效實現的基礎上再遭遇各類問題，如盲目地做無用功、爆發負面情緒、失去既得利益等。失序的世界便是混亂不堪的，看似主導權在每個人自己手裡，人們的生活卻過得更加艱難。

人與人在蒙昧又失序的境地中，容易彼此對立、引發混亂。混亂後的代價是源源不斷、不可估量與不可控制的。於是，恢復秩序、重建秩序也就困難重重。但是在建立各方面最佳秩序的過程中，我們需要始終清醒地認識到，秩序調和的是每個人的訴求，讓每個人都妥協於秩序便是本末倒置的，有些秩序需要人們的妥協和理解，但是如果所有的秩序都讓人們做出妥協，那麼它就是有問題的。找尋與實現最佳秩序的道路都需要先行者慢慢、溫和地引導自己與其他參與者，只有人們發自真心理解了、認可了某些方式方法，並且藉此滿足了自身基本訴求，那麼這樣的路便走通了。

第二節
資本主義、社會主義與共產主義

那麼什麼樣的秩序是人們應該追求的呢？人們自然會尋找使一切井然有序的方法。在這個過程中，人們選擇過使強者更強、使弱者妥協的道路，選擇過使某些訴求被掩蓋的道路，也選擇過使眾人都得以參與建立秩序卻矛盾頻發的道路，也有人選擇使矛盾逐步轉移到可控領域的道路，更有人直接用偏見與暴力統治一切，還有人提出全民應該走一條完全尊重規律的自然之道，卻忽略了人在不斷製造矛盾的過程中是解決矛盾符合天道還是不解決矛盾符合天道，也缺少對解決問題時如何在尊重規律的同時化解矛盾這方面的分析。而無論個人或集體選擇做什麼，所有人總是因為具有能動性而自覺自發地處理各自手頭的問題，更好秩序的建立會使每個人處理的問題越來越少與收獲幸福，但是不好的秩序會使每個人面對越來越多的問題，這些問題甚至會威脅到眾人的生存，此時何談人生幸福美滿了。

在人們普遍的探索之中，當權者更加關注達到合理與長久的井然有序的方式，大眾更加關注得到輕鬆與幸福的生活，思想家關注這二者的調和。於是，思想家看到了共產主義的方向是更加利於每個人的，思想家與一部分當權者創造出社會主義的方式方法來實現共產主義，而其他的當權者創造出資本主義的方式方法來使人民自覺接受管理。真正的共產主義是非人造的、還未實現

的、民心所向的道路，而社會主義與資本主義是人創造出來的、以便維護秩序的社會底層規則。在維護秩序方面，人造的社會主義與資本主義有其一定的積極意義。社會主義以集權的形式，將事務儘可能分配給最適合處理的人，將各個資源充分利用起來，並且在危急與關鍵時期，社會主義能夠快速有效與全面地處理問題。只是這時，需要注意權力集中於誰的問題，即每一級權力交給誰，特殊時期的權利需要授予真正的專家才會達到良好的效果。

在這一點上，資本主義沒有優勢，因為資本主義是將權力轉嫁於資本，而資本家並非完全站在每個人的角度全面看待與處理集體危機。而有時，其劣勢恰恰又是其優勢，其優勢又是其劣勢。在人普遍的認知中，人們不理解社會主義與資本主義的運作機制，看不到自身的蒙昧與稚嫩，如：社會主義管理者與吸納晉升人才的機制並非十全十美，於是，人們更容易對社會主義的當權者產生質疑與不解。但是資本主義通過將權力轉嫁於資本，便給每個人留有一定的運作空間，並且資本在運作中，除資本這一最大力量干預以外，人們的頭腦、勤奮、綜合素質、運勢等因素在這個時代的更多時候也可以發揮作用，雖然資本的末端，人們的運作空間較小，大多數人也會感到一定的公平，並且人們需求的滿足需要自己借助於經濟活動，擁有多大的需求也就擁有多大的動力，這是自然而合理的，人們在這種具有一定操作空間的經濟活動中也會相應獲得一定的經濟回報，享受到了一部分轉嫁於

資本，資本又授權於市場機制的權力，於是，人們便在享有一定自由的同時更加認同資本主義。而任何主義只要其積極作用大過其消極作用，它便可以持續發展。因為兩個主義的積極作用較為明顯，社會主義與資本主義便可以得到人們的擁護或默認。社會需要將事務儘可能分配給最適合處理的人、將各個資源充分利用起來，社會需要快速、有效與全面地處理各種危機，社會需要使每個人發揮其才智並使人產生公平感與認同感，於是，它們便成為了兩個主義形成與發展的原因，也使得人們在社會主義與資本主義的初期，運作兩種主義具備現實可能性。而這種發展的可能也會成為其衰落的可能，只要各自優勢大幅減少或不再存在。

目前資本主義的發展出現了困局，資本主義通過給人們留有一定的自我運作空間，每個人因為感到了公平從而對資本主義產生認同，但是，隨著每個人能夠把控空間的減少，公平感與認同感便會減少。而資本主義的本質恰恰是極致資本追求，因為將資本奉上神壇的行為，必將導致人類排除一切艱難險阻與人為干擾來使資本無限增長，這會使資本的增長成為全社會一味追求的目標，從而使其他各方面的問題無力解決並且為其他相對不重要的人事物製造越來越多的問題。那麼就會造成人們越發捨棄為人而成為工具，在約束自己作為人的需求與體驗的同時為了發展不斷延長自己的勞作時間，不願主動延長也會被迫延長，使得自己越發疲累與痛苦。而與此同時，人們正遭遇著人的趨同與機器的全能化發展的兩個問題，它們會讓人的各種勞動不斷貶值，直到

資本家支付給人們的最低工資都阻礙其盈利時，人便會被淘汰，資本家會尋求低廉且能夠創造更多價值的工具。並且社會追逐資本的無限增長，使得無法增加資本的資本家逐步被淘汰，尤其是尋求低廉且創造更多價值的工具的強者，會淘汰這方面的弱者。最後資本主義中的資本家總是會動用終極武器「資本」進行資本運作，相對應的行為就是資本家之間的比拼與廝殺，之所以資本主義逃不開資本運作，也逃不開人們互相廝殺的發展方向，是市場承認資本的價值，從而允許資本的投入，並且人會為了確保自身立於不敗之地想盡辦法，不行動相當於自動放棄一切，那麼在隱秘而殘酷的資本遊戲中，許多人會被淘汰。越來越多的人會被淘汰，曾經站在金字塔尖附近的人甚至會被帶走過往積蓄而逐漸淪為炮灰，過往再多輝煌也會失去意義。當大多數人都已經被淘汰並且人生無法自控的時候，人們便不會感到公平，也就不再認同極致資本主義的發展方式了。而這時，人們普遍失業與不願成為工具的需求會促使人的就業與創造價值成為社會所需的最大價值，而其他價值會在這一趨勢下被貶得越來越低，一切違背民心的事務將難以開展。

歷史是人類試驗的空間，過往各個主義與各國之間爭鬥不斷，對於各主義間的辨析也存有衝突與不明，但我們通過試驗會逐漸瞭解：暴力與偏見都帶不來好結果。暴力是不解決問題的，甚至暴力會消解於其他暴力，而每種暴力又會給自己帶來損失；偏見則是人們選擇用暴力與爭鬥的方式為自己的發展爭奪一定空

間，這一切也會因為發展不再持續而終結。發展是什麼？發展便是使一切矛盾更加突出，也使得眾多問題更易被紛紛解決的事物。那麼如今，我們不應再沉迷於主義間、彼此間與各自內部的鬥爭，而應尋求共同的出路。

第三節
階段性最佳方式

　　如今，社會主義與資本主義便是人們過去尋找到的出路，它們的積極作用使得一切在井然有序中持續發展，但是，如果製造矛盾的總量與影響大過解決問題的總量與影響，發展就會被中斷或終結。過去，社會主義與資本主義在現實生活中的主要貢獻是推動物質社會基本形態快速形成，尤其是資本主義中的資本獎勵機制、競爭模式會讓整個社會物質運行體系快速建立起來，進一步讓人們生活的各個方面都得到保障。這又會進一步讓我們從各個物品運用的低效與浪費、各個事物間的混亂與對抗、各種暴力與壓迫中解放出來。我們逐漸認識到了什麼方式是對人類整體有益的，也就是高效而和平、有序而公平的方式。而這類方式之所以被廣泛認可，在於其可以不斷消解問題與抑制問題的滋生，當人們將這個方式推廣到極致時，社會就不再產生普遍而低級的問題，這時，社會可以從根源清除產生矛盾的干擾因子，社會因為不產生問題與不再有機會解決問題而變得平穩與平衡。

　　當人類處於難以掃除蒙昧的時期，人們便需要通過嘗到其蒙昧行為所帶來的惡果的方式，來看清哪些行為是有意義的、哪些行為是無意義的，只有這樣，人們才會發自真心地推崇與放棄相應事物。人們只要重複蒙昧中人造的無意義與有害行為，社會的悲劇、慘劇與原地踏步的情況就會一直發生，那麼社會便永遠不會達到平衡，而在這個社會不斷滋生著不平衡問題的過程中，當問題的數量和影響達到較大值而影響到某些人的正常生活時，就會引起新一輪的爭鬥，而爭鬥不休，人們永遠不會安寧地享受生活，得利人也會因為不斷發生的爭鬥而無法得到真正的安寧與幸福。他們只能在不斷消耗物質的行為中獲取短暫的快感與安慰，而將目光緊緊盯著生不帶來死不帶去的人造的象徵性事物。人類社會的一切亂象實際都是人造的，人們不斷製造著各類事物，其中有對自己和整體都有積極意義的事物，還有一些是沒有任何作用卻耗時耗力、損人利己與害人害己的事物。因此，我們當下需要審視人類自身的行為是滋生事端的還是解決問題的，若我們總是被這些不當的行為牽絆，就算我們終有一天解決了這些問題，也仍舊在原地踏步，或者還沒等我們解決掉這些問題便因為損失慘重而重回落後文明的世界了。只要我們滋生事端，我們就需要付出滋生事端的成本，還需要付出解決問題的成本，解決問題之後的重建還需要付出不可估量的成本，滋生事端就如無底洞一般，填不完需求的同時還要付出無盡的代價。當資本獎勵了物質世界基本形態的建設者之後，資本就應該走到功成身退的位置，

它不值得被全人類永遠放棄一切地追逐，人類發明與認可資本是認同其積極作用，而不是資本本身多麼美好。相反，當資本主義完成其積極作用後，仍然推崇一種趨「利」避害、弱肉強食的生存法則，就會為人類社會滋生各種事端，這又會進一步導致人類這一高級動物成為了低級動物一般的存在，人們會自動放棄身為人的美好操守與其帶來的極致感受，並且會在深度思考探索與每時每刻急功近利搏鬥的生存狀態中常常選擇後者，這會阻礙人生價值的發揮，也會干擾人類過上真正美好、幸福、安寧的生活，這是獲得再多物質都無法達到的目標，追求幸福生活的生存感受在我們長期的壓抑與忽略中越發顯出了重要性，因為生存感受的滋養只來自於心靈。於是，我們需要開始建設精神世界了。

那麼我們要如何建設精神世界呢？回顧基本物質世界建設的過程，資本主義只是作為一種人造的為了改善物質生活的調節手段，可以被調節一切的社會主義使用，這兩者在理論上是社會主義較資本主義更先進，社會主義可以兼容資本主義，但資本主義不可以反過來兼容社會主義，如果試圖兼容，就會爆發各種衝突。實際上，社會主義的實踐考驗著調控者自身的各方面能力與整體認知，調控者如果沒有通過考驗，社會主義會走向失敗，更何談兼容了。社會主義並不是一種一勞永逸的方式方法，調控者需要不斷提高自身各方面能力與整體認知，人們自己也可以通過提高自身各方面能力與整體認知來有效解決生活中的問題。當人類整體意識到了某些行為的代價過大時，人們就會自覺約束此類

行為。同時，因為每個人認知的提升，無形之間，每個人在社會中都會被見證著自己的言行，許多違背社會平衡、平穩的言行會自然得到無言而及時的約束，當然，人們可以選擇繼續使不良言行發酵直到嘗到惡果。當我們把基本的問題解決了並且提升了認知後、當人類整體嘗遍各種蒙昧行為的惡果並不願再次體驗後，社會便迎來了發展的新階段，便是我們跳出了各種矛盾爭鬥的循環、有意使一切發展為平衡與平穩狀態的階段，而達到這個狀態，我們就能獲得真正長久的安寧與幸福。

　　這便是我們建設精神世界的第一步，認清並拋棄自身的蒙昧。下一步便是追求對生命真正有價值的事物。當我們因為認知與物質的提升從而真正跨過了改善物質生活的最佳方式的資本主義與社會主義兼容資本主義的初級階段時，便走到了社會可以啟用最佳方式的現階段——共產主義階段。共產主義只是對自然公平的生活方式的稱呼，實現它的一大障礙正是刻意與狹隘。共產主義如果違背了人們的意願、認為只要排外就會成功，那麼它便會直接失敗。共產主義作為一種符合自然的先進生活方式，它允許各種發揮積極作用的行為方式存在，共產主義可以在主導的基礎上為社會主義與資本主義留有一定空間，一切為了美好生活的積極行為都會被允許，只是共產主義會使一切歸於合理的位置。共產主義下的大同社會，因為人們普遍認知的提高，人們拋棄了自身蒙昧時期的行為，也對於當下每個行為所產生的有形與無形的影響有了較為準確的判斷，於是，人們不再只被短利誘惑而行

事，不再單從道德與法律考慮而約束自我，也不再為了自我形象而與人為善。人們的做事動機從考量外在契約轉變為內在自覺，這種出自真心、良知、智慧與正義的自覺使得每個人可以做出恰當的行為從而使自己真正獲益，也就是使自己處於與他人共同獲益的更有利的境地。而未達到這樣的認知與相應的大同社會時，外在契約是最佳的辦法。這些契約正是為人造的概念、道路、知識、利益服務，使得每個人通過遵守契約達到某些目標。

當我們提升了自我認知並認識到了人類社會真正的利益是什麼時、當我們找到了真正的利益與自己真正的價值所在時，我們就可以捨棄片面與消極的事物而投身於真正有價值事物的創造中，從而使自身的價值真正地發揮出來。這一切又會導向心靈上的精神滋養，從而，我們會感到生命的安寧與幸福，這會直接消解了我們內在的焦慮與空虛。

第四節
群眾的呼聲

每個時代的人都有普遍的追求，有些追求延續至今，匯聚為群眾的呼聲，成為全人類最重要的目標，這便是實現全人類的解放。這種解放，在過去，我們只實現了一部分，便是物質上的逃離短缺。但在物質上，真正的解放是我們的身心都不再為此負累，

能以自己的生命體驗作為出發點生活，不再面臨生存上的問題；在精神上，真正的解放是我們能夠理解與控制精神、意識與意志，尋求到精神上的極致體驗。我們雖然僅僅實現了一部分，但是我們一直在按照自然的進程追求解放的目標。

不同的階段，人所面對的緊迫問題是不一樣的。在物質極大匱乏的年代，利用物質活下去是緊急與重要的目標，追求其他方面或許會讓我們直接喪命，而這時，物質上的富裕是真正的富裕，精神上的富裕是虛弱的。而當基本物質世界搭建完畢後，一切產業連帶著產物形成了紅海，此時物質的富裕成為了數字上的標榜，而不再能真正為人類帶來什麼價值了，就算帶來了精神上的快感，也是稍縱即逝的。這時，物質上的富裕是虛弱的，甚至虛弱到看不到精神上的富裕是此時的富裕。但是如果這時，我們丟棄這些物質乃至產業，那麼我們會重回過去物質匱乏的時代，面臨無法生存的問題。在過去物質匱乏時代的產業空白期，我們認為物質財富的極大豐富便是富裕，這僅僅是由於那個時期，人們對於物質的龐大需求為物質賦予了價值，價值是人賦予的。而物質產業形成紅海後，人的基本需求都能夠得到滿足，人實際的需求便相對地減少了，物質的價值也相應地降低了，就算我們有時陷於物欲中，也對於隨處可見的物質不是那麼在意了。我們從心底輕視了它們，這是自然發生的，這會帶來所有物質的交換價值普遍降低。過去盲目抬高的交換價值會紛紛降低到使用價值水平，直接的體現便是價格的下降。競爭又使得生產製造者必須提

供消費者所需性價比更高的產物，那麼生產製造者的收益就會在成本線上下徘徊。此時生產製造者會感到無利可圖，消費者為了獲得物質而加速製造物質，最終會察覺自己被物質所累而無法脫身。

而真正的價值是以人為主體賦予的真實需求。如今人們對精神的需求會逐漸多過對物質的需求，那麼精神產品會成為賣點，這些精神產品並非單純是單個的精神產品。很多時候，它是使人們的精神願望、精神偏好得到發揮與滿足的產品，而人的這些精神願望與偏好可以參與到生產製作中，帶來產物上的更豐富組合，以及需求側與供給側可被靈活協調的產業調控方式。但這一發展所面臨的挑戰正是產業工業化下的批量製作的低成本高回報的生產追求，只有人們真正看淡了物質，這個轉變才會到來。使用價值和交換價值中間的差距正是人們的意志、欲望決定的，我們憑藉物質獲得的利益本來就應該是微薄的、在成本價上的，是我們用刺激欲望產生與極力追求欲望滿足的方式將大眾認為的交換價值抬到了較高的位置，而我們正可以用意志的方式，使一切虛幻的泡沫消散並使一切回歸理性，正是我們自己的意志與欲望左右著價值。

群眾的呼聲，恰恰也是群眾自己製造的問題，也是群眾自己可以解決的問題。全人類追求的徹底解放，是沒有任何捆綁的世界，人不再是憑藉自己勞動換得的金錢才能生存的存在，而是

在這條路之外，可以使用更多生存與生活方式的存在。但是這一轉變是危險而不好實施的，必須循序漸進、時常反思、時常調控與總結進程。我們追求更好的方式，就更不應將其用來破壞發展的根基。在如今大部分人群經過特定訓練就相差無幾的產業紅海時代、在智能機器人可以隨便取代工種與人類的時代、在一些不合理的配置抬高了人又壓抑了人的時代，行業與職位完全有新的發展可能，便是不再局限於過往的一切，現存行業可以向其他行業轉變、尋求新的行業關聯、重組各類資源，現存職位可以向所有兼備才智的人開放，我們需要的不是難以再增加的經濟回報，而是我們徹底的解放與作為地球高級資源的自己能夠完全發揮價值，這樣一來，我們才能獲得精神與物質的雙重回報，這是價值產出的新方式。我們在探索的路上，也需要感謝前人留下的經驗與真理，歷史是歷代人民的「試驗田」，他們為實現美好社會做了鋪墊，直接或間接地為我們帶來了真理，只是我們需要批判地思考過往一切在如今與未來是否適用。在集體的努力下，美好社會已然不遠。

第五節
大同社會與其形成的前提條件

美好的社會因為各干擾因子趨於安靜或消失而形成，各干擾因子在此之前，不斷形成、不斷隱匿與不斷消解，使得社會總是

處於問題頻發的狀態，而引起干擾因子形成與爆發的主要原因正是人們認知中的蒙昧，其他原因便是人的不良習慣。當人們判斷或感到某些事物對他們有利時，人們就會推動其發生，此時若考慮不到其他人的利益而使他人受損，干擾因子便形成了。干擾因子並不會報答他的製造者，相反它們往往會使局勢失控、兩敗俱傷。人的認知可以不斷提升，這也是歷史的演變大概率會推動的，當人的認知達到一定高度時，社會便能逐步消除干擾因子並抑制新的干擾因子產生，社會便會趨於穩定而美好，這樣的社會就是大同社會。而它作為社會發展的最終形態，基於人們認知發展的速度，這一社會形態的形成不會一蹴而就，也不會因為某些人認識到了目標與各組成要素就能立刻實現，實現的前提必須是絕大多數人的認知達到一定水平。因為每個人都在影響著社會發展，尤其是社會各方面發展的方向，而當選擇某個方向的人群足夠多或者組成的人的力量大到一個級別時，社會才會朝此方向發展。

以上是對形成大同社會的發展規律做的分析。而人們的認知增長到一定階段，必定會影響經濟的發展，經濟本身作為一種資源配置機制，會因為人認知的提高而使得經濟呈現最佳的配置方式。這時，經濟呈現各情境下的各產業都能達到資源利用最大化的狀態，並且人們不再一味追逐難以增加的經濟效益，而是將經濟效益作為各種評判的標準之一，也作為解決各類問題的方式之一。而且，人們通過過往的實踐，已經對於各種情況下，最佳效益產出的經濟模式有所瞭解，合適的契機會直接運用它。人們僅

僅會利用經濟手段調控生活的基本方面與發揮創造力，並控制其不再產生虛高的各種代價。而這一切是因為人們認知的提升，當人們紛紛提升認知後，就能使必要資源變得充沛、使人的生產力得到解放。這時，沒有捆綁，沒有依附，所以沒有高低，只有自由。這種自由不是失序的，而是以每個人為主體的平衡狀態，這種自由是使物為人服務，而非使人為人服務。我們不用擔憂如此人與人之間便陌生與無關了，因為從此，人與人的來往，便不再有虛空的利益前來干擾，人所做的一切都會回歸於真實的本心。非大同正是人的蒙昧造成的，我們在對抗蒙昧的歷史中付出過太多代價，也嘗到過各種苦果，歷史使得錯誤與真理顯露，我們便能提升認知、避免悲劇與追求美好。認知的提升與其帶來的各種改變會促使大同社會形成，在此基礎上，社會能夠呈現出自由、生機、幸福、友愛、謙虛、求知的風貌。

形成大同社會的過程中，任何對抗與封閉的行為都會使其進程延緩，這本身就發生在人們蒙昧的階段，歷史已經呈現出太多悲劇，因此這個過程中的任何分裂行為都是有害而無益的，此時我們需要關注的是人群自覺提升認知。這一系列因果構建出複雜又自然的社會形態，不是某個人做出單一的行為就可以控制的。而什麼是自然，尤其是人類社會的自然，是人基於他自身的特性與認知的自然做事狀態，外界對我們的要求的力量只是暫時有效與無法深入的，人們總是會回到他的自然做事狀態。那麼，也只有讓大多數人的認知真正提高而不是壓迫他們，才能自然地實現

美好的目標。源源不斷出生的人與對於歷史淡忘的人都需要提升認知，如此，人們才不會干擾大同社會的形成與維護，大同社會的形成是艱難的，形成後仍需要關注它形成的前提條件是否受到了干擾、探索有效控制干擾因子的方法。

第六節
經濟

　　無論在什麼社會，我們的生存與生活都離不開物質，也離不開經濟活動，人離不開經濟活動正是因為人們無法脫離外物、無法心想事成，於是，人總是要付出勞動從外界資源中獲取物質。若做任何事都能心想事成，那麼就沒有稀缺的概念，也就沒有經濟、勞動的概念，沒有資本、市場的概念。人類發明經濟活動正是為了通過調配與利用資源的方式維持自身的生存與生活，並且人們會盡力讓一切價值以最大的程度發揮出來、推動可持續發展，以達到一切不可持續發展的活動被消滅與抑制而可持續發展的模式被充分應用的目標，這最終是為了使自身可以永遠借經濟活動滿足需求。

　　那麼這一不可缺少的經濟活動在大同社會的最終模式中是如何運作的呢？人們是如何運用經濟活動輔助自己生活的？在討論最終社會的經濟活動是怎樣的形態之前，我們需要認識到如今的經濟活動是怎樣的。

　　經濟活動目前是資本借助於人們各種需求需要被滿足的動因與人們滿足需求自發做出的市場行為而進行的整合資源、炒作與投資、誘導與干預的行為，從而使所有人的需求得到一定程度滿足的活動。資本通過在市場中流通，發揮比其他各種生產資料更大的作用，對經濟活動產生足夠大的影響。而資本恰恰看到了自身在滿足人們需求之外的能力，便是培養、塑造、引導人的更多需求，更多人在更多時候需要借助資本的力量來滿足自身需求，於是，資本便成為了每個人在不知不覺間離不開的重要物質，而它的最初表現形式——貨幣，也就是金錢，成為了人們爭相搶佔的資源。人們又可以通過將錢財累積到一定數量來發揮資本的作用。而除了資本可以影響市場，看不見的手也可以影響市場，而資本是借助於這只看不見的手發揮作用的，這一切是在無形之中運作的。看不見的手是說每個人在滿足自己需求的時候，也會使他人獲益，是市場的自由性質突顯了這一規律，自由市場中的人們可以自由自發地做出取長補短的經濟行為來使自身獲利，所有人的自覺推動人們借助經濟活動滿足自己的需求。這是人從產生想法到做出行動再到獲得滿足的自給自足的行為路徑的合理構建，而這一行為從大體上看是人們彼此都有利可圖的。資本與「手」便是在所有人自由自發的行為中發揮其作用。因資本可以借看不見的手發揮作用，實際上，看不見的手便會為資本傾斜，這只手發揮調節一切的作用時，體現了人們的自覺自願，也體現了資本背後人們的欲望與意志，以及體現了何種意志在平等、真實的目標下具有力量。

　　在這樣的影響下，人們是否真的借助於經濟活動使生活變得更美好呢？我們需要進一步瞭解這一活動的結果。我們參與了同一個大的市場，自己能夠瞭解與控制的事物是有限的，但是資本卻可以通過積累而增強自己的力量，因為人總是處於非全知全能的狀態，在忽略權力的干預下，除了為需求買單以外，人們之間總要為信息差與資本能力差買單。由於每一個經濟活動勢必包含產生金錢與消耗金錢的對立行為，因此，人們的經濟活動實際是一種博弈行為。而市場中的經濟活動有時卻會給本身自由參與經濟活動的人帶來博弈中最公平的結果、人道主義上失敗的結果，即失去人的自由與平等。而這本身就是由於導致不自由平等的資本能力差與信息差的存在。但是，有些時候，這種看似非自由平等的事物又是平等與積極的，這發生在藉此獲利的一方使他人甚至所有失利人獲益的情境中，而這一行為也就是調控。但是，人道主義上的失敗在極致資本主義的市場中永遠無法避免，就連曾經的贏家也可能會敗落，參與了這樣一種賭局，人人都會感到不安，總會有或大或小的經濟影響波及自身，那麼，我們需要追求更好的路徑，而這是我們自然就會產生的需求，並且是幾乎所有人的渴望。我們的經濟行為是因為能夠滿足我們各種需求而存在的，我們的需求意識往往只是電信號，一定程度上是非物質的，是我們感知到自身需要什麼可以使自身順利生存與生活而產生的，我們用經濟的行為發展了滿足我們物質需求的實踐之路。

　　而我們全人類還有另外一類需求，是對於智慧與幸福的追

求，卻因為我們一心追求物質而被壓抑與忽視，但是恰恰物質最大的作用就是解決我們的生存問題，而精神最大的作用是解決生存問題消解後的生活問題，此時物質僅僅是一種輔助性的工具了。在解決基本的生存問題之後，生活問題就成為了佔據人生命時間最久也是最重要的問題。而我們卻用一生走一條一直無法徹底解決生存問題的發展之道，使得解決生活問題的發展之道一直無法開展。上述人們的不安，正是對於生存問題的擔憂，雖然，如今的道路可以為大多數人帶來溫飽，卻仍然會使大多數人感到生存的不安，那麼，我們的首要經濟任務便是徹底解決人們的生存問題，這是大同社會中的事務，便是提供一種使人在任何緊急狀況都可以憑藉自己的力量或外界的服務而獲得生存用品尤其是食物的方法，即生存路徑搭建，主要做第一、二產業。

我們需要將生存問題與生活問題解綁，使人們脫離一種精神上的束縛與負擔，脫離束縛所帶來的被拿捏、被擠兌的處境，為人們的生存問題托底，從而使得人們解放出所有的心力投入到真正有意義的生活的改善上。這時人們不再追求達到一種生存問題上的不敗之地與不再陷入這個過程所帶來的勾心鬥角中，不安全感所帶來的對於物質的極度渴求也會在此時弱化許多，人們會傾向於追求於人於己都有利的事物。人在每個時刻都不會餓死、病死與被打死的條件下，會大膽投入真正有意義的事業，即生活事業，主要做第三產業。

　　生存路徑搭建與生活事業解決生存問題與生活問題的主要方式都是經濟方式，那麼經濟活動在最終的大同社會中是如何運作的？這也是我們開篇提出的問題。這一問題的答案便是，生存問題上，政府為人們提供公用的產地、原材料、自動化工具、半成品、成品以及可以兌換糧食等生存所需物品與服務的短工機會，人們可以在此基礎上自行獲取所需物品與服務，並且隨著技術的發展，生存類生產與服務不再依靠人力而依賴工具與技術，社會便會得到糧食的多產與服務的普及。由於過量的糧食會腐爛成為難以清理的垃圾，其他堆積的物品、無效的服務會為人製造不便，人們便不會過度索取這些資源，政府便會因為易操作而永遠提供這些保障。可是這些保障的成本來自於哪裡呢？這正是來自於生活事業的稅收，最早期則是來自於有組織的事業的稅收，稅收本身作為一種調控的手段，在這裡可以充分發揮它的作用，並且使得當下產生的稅收直接用到最需要的地方，這時能達到合理徵收、高效利用的目的。

　　而生活事業如何能夠支撐這一切呢？發展好生活事業，需要一個前提──人們認知的提升。而生存問題的徹底解決有助於人們認知的提升，人們沒有徹底解決生存問題也可以逐步提升認知，當人們不再陷入無窮無盡、虛無虛弱的物質欲望時，人們也就擺脫了追逐短暫快感的階段而進入了尋找深厚、長久的幸福感與價值感的階段，此時，人們看到了，也體會到了過去的所作所為給自己帶來的空虛人生：根本感受不到幸福，自己大多數行為

居然是在親手毀掉自己的幸福，而且將作為一個人的自己置於與低級動物無異的境地中蹉跎時光。那麼此時人們便會以一種珍惜生命、發揮生命價值的動力投入到一切於人於己都有利的事業中，人們會盡一切可能發揮自身潛力、不浪費每一秒。政府此時需要提供給每一個人發揮其潛力的豐富機會，使每一個有創造價值的想法的人都可以有體驗、學習與練習的地方，人們藉此收穫到了真正的成就感與幸福感，這些感受是深厚而有力的，可以使自己得到精神上的極大安慰與此生無悔的感受。

而人們的這一追求可以自然推動實現各個階段經濟效益的最大化。這是由於人們都在以發揮自我價值為初衷做事，自然推動了事業快速發展，並且人們在這一過程中不斷地主動提升自己的才智，使得事業更易取得成就；同時，隨著技術的發展，機器可以取代人工勞動，甚至產生源源不斷的生產力。但是需要注意這類取代不能分批進行而需要同時進行，不然容易製造難以彌補的新的不公。而物質資源因為充分發揮與不被浪費，便使得經濟不再需要解決稀缺的問題了，經濟這一工具便只會用於追求效益最大化與效益本身，而人們的才智發揮有助於達到這一目標。

宏觀上的經濟模式如上所述，微觀上如何呢？也就是開篇提到的另一個問題：人們是如何運用經濟活動輔助自己生活的？人們此時全部掌握了共同與簡潔的經濟效益的規律，會在實踐中對於投入與產出進行科學地分析與準確把握，會對一切事物在操作

上的可行性有較為準確的預估，當然，機器也可以幫助我們完成這些目標，在此基礎上，人們有更多彼此合作的自由來真正創造價值從而實現自己與他人的追求，人們也有更多的時間參與到各種探索遊戲中，甚至是直接在遊戲中創造出經濟效益。什麼是經濟效益？它是能夠解決我們需求的真正的價值，而不是其他的事物，更不是通過不斷製造問題再解決所顯現的表面的、無窮的經濟效益，歷史也會促使我們認識到真正的價值並且推動一切向前發展。

第七節
市場結構

那麼前方的大同社會的具體市場結構是怎樣的呢？同樣的，我們需要先瞭解如今的市場結構。如今的市場結構是一種所有賣方基於買賣關係形成的體現賣方綜合實力的市場形態。宏觀來看，體現賣方綜合實力的便是影響市場結構的根本因素，即人的資本能力、獲取信息能力、權力、有效價值創造能力，而它們的差別使市場的賣方之間呈現競爭與壟斷關係的市場結構；微觀來看，市場由各種競爭與合作、禁止與自由的行為活動構成。而這一切都體現著博弈關係。

通過眾人對如今市場結構的分析可知，對這一結構的討論與研究更偏向於賣方，也就是供給端，而真正的市場結構包含買

賣雙方，也就是供給與需求兩端。為什麼如今對於市場結構的關注大多為賣方呢？因為如今市場的主體與具有市場主導權的是賣方，這是由於買方始終處於被動的地位，可以理解為買方只能在所有已生產的物品中挑選自己需要的，而決定生產、提供產品的是賣方。於是，賣方處於可以主導市場的地位。而影響市場結構的根本因素有：人的資本能力、獲取信息能力、權力、有效價值創造能力，其中，資本能力與權力具有強有力的主導作用，並且，獲得這兩類能力的人數十分有限，於是，整個市場結構的主導者便是發揮這兩類能力的少數賣方，他們對整個市場結構，也就是對所有供需關係、一切經濟行為都具有足夠大的影響，他們是影響市場結構的第一梯隊，接下來的梯隊是由四類根本因素按各自綜合能力由強到弱排列組合形成的。這一切並不是靜態的，而是不斷發展的，所有賣方都在為提高這四個方面能力而努力，他們之間形成了強烈的零和博弈關係，有賺的地方就有虧。而參與經濟活動的買方個人無法通過自己單一的買方行為對市場結構產生影響，個人想要影響市場結構只有他參與賣方的事業並擁有對市場的主導權與團結買方個人來影響賣方決策這兩種方法。但是賣方中無論是誰，都因為並非全知全能而始終無法徹底把握市場與保證自我的地位永遠不被動搖，但是人們卻為此激烈博弈，在博弈中，勢必有人用資本與權力封鎖一些信息與獲得更多資源從而換來更多的機會，哪怕他提供的價值並不如其他人，那麼相應的，就會有人失去機會，哪怕他可以為人們帶來足夠大的價值。並且在這個激烈的博弈過程中，人憑一己之力幾乎不可能取得其他所

有人的地位與利益，每一步博弈都充滿艱難，甚至會痛失既得利益。

那麼人們因為只能在市場上各霸一方，而為其他所有方面的無勢付出代價，自己如何侵佔利益，就會在各種時刻的其他更多方面如何損失利益。並且既得利益者為了保障利益的穩固，做出的決策往往需要壓抑與忽略個人喜好，想要保障家族利益，這樣的壓抑就需要發生在子孫後代的身上。因此，每一個競爭與合作的同時，賣方都會為其他人與自己的競爭合作所產生的一切結果買單。這一規律讓如今各種競爭與壟斷的市場結構中的所有賣方，都處於差不多的利益得失境遇。

而這種在市場結構中，將資本能力、權力置於比獲取信息能力與有效價值創造能力更優先地位的行為與文化，壓制了很多人的發展機會，甚至是使子孫後代的發展更加艱難，這樣一種環境總是充斥著不良競爭。但是資本能力並不是一種消極的事物，資本能力是一個人智力、資源整合能力、可持續發展能力的體現。但是當具有資本能力的人與其他人運用資本做了使他人失去發展機會的事卻帶不來更強的價值時，整個社會的經濟發展與社會發展就會受到阻礙。那麼資本能力與權力理應置於調節的位置。

而獲取信息的能力高低可以反映一個人的智力高低，但智力高低與經濟效益高低並沒有直接關聯。因此，應保證全體共用公

開的、相同的、可辨真偽的信息，這可以是有關組織提供的經過鑒別的最權威與最全面的信息。

此時將有效價值的創造能力置於首要位置，鼓勵人們輕易地探求與創造有效價值，使得子孫後代也能夠在發揮自我價值的路上感到輕鬆與有效。當然，在這個過程中，人們需要大力發展可操控的人工智能為人類集體創造源源不斷的勞動力，取代人的勞力，並且需要以此形成成熟與全面的產業鏈，使人脫離被迫的、痛苦的勞力狀態，人便可以處於享受生命的狀態。

這便是大同社會中的市場結構——均衡市場結構，這與如今的博弈市場結構完全不同，人們不再沉浸於大量的激烈與不安的零和博弈中，而可以直接享受精神的愉悅與幸福，因為此時生產力與精神力的無窮無盡，人們再也構不成博弈關係，於是，人們不再為任何事擔憂，人們去到了與自身才智與興趣相符的地方，並且人生擁有了豐富的可能性，人們此時各自追求著活著的意義與幸福感受。

第八節
獲利方式

活著的意義與幸福感受便是大同社會中人們真正的利益，實際上，我們現在的社會也在追求這一目標，只是這樣的目標往往

不是我們的首要目標，排在了解決生存問題的目標之後。但是當我們通過生存路徑搭建解決了生存問題時、當我們的認知與社會環境的改善使彼此不再構成博弈關係時，我們便能開始追求真正的目標與利益——擁有活著的意義與幸福感受。

而延續我們已有的經濟行為，便永遠不太可能解決人類的生存問題，甚至會使這個問題更嚴重，更何談其他問題的解決了。這是因為，資本主義會追求極致的資本增長與擴張，它在發展的同時就會帶走絕大多數人的發展機會。資本主義下的獲利方式，在它的發展後期往往充斥著激烈的零和博弈與奮力生存行為，並且無人倖免。因為人們都無法全知全能又需要彼此緊密地聯繫在一起，於是，人們永遠無法規避不可控因素，尤其是那些與自己實力相當人發起挑戰時所引發的不可控因素，而人們追求經濟利益就勢必會使彼此互相挑戰。這樣一種認知、信息、資源、權力與能力的差別仍舊存在的與一切事物都在變化之中的環境，使得每個人的經濟行為成為了博弈行為，因為沒有人可以全知全能與控制一切，這種博弈行為便成為了賭博。而對於經濟行為的再多研究也不過是對過去賭局的研究，正在進行的賭局因為人的非全知全能而始終不能被人輕易把握。那麼，只是關於賭局的研究，對我們的幫助不大。只要我們持續博弈，我們追求極致資本主義，我們就永遠解決不了人們正常的生存問題。也因為資源與機會向資本積聚最多的方向流動，於是，更多人會陷入生存的困局中，並且這一變化充滿變數並使人壓抑。

　　但是過往的獲利方式並不是一無是處的，相反，這是人類偉大的發明。它可以在社會初期搭建一切便民的渠道，解決絕大多數人的生存與生活的基本問題。使得人們在生活中能夠高效滿足需求，自身也可以與整個社會緊密關聯，彼此各取所需、分工明確，使得一切處於相對井然有序的和諧中。並且這一發明也促進了人們追求自利，自己的需求與利益自己滿足與獲取，這是非常積極與公平的行為，一種自救行為。而人們在自利中，逐漸能夠擁有科學的視角，能夠做出有效的行為、可能的預期，這使得人們做事更加實際、積極與高效，人們便能藉此提升自我認知、創造價值與獲取利益。人類社會發展至今，獲利方式更加高效了，這是大環境推動的具有合理性的階段性結果。

　　那為什麼我們如此長久與高效的發展都無法徹底解決生存問題呢？真的是糧食等物品不夠多嗎？問題實際是我們在獲利中失利了。尤其是商業中最傑出的人將工具性的金錢這一事物當作了一切的代表，認作了榮譽的代名詞，也視作了最大的籌碼，害怕稍有不慎就會白白付出一切，於是，他們奮不顧身與狂熱地追求它，哪怕自身已經得到足夠多的金錢還會帶著牽絆而不能徹底放心生活。於是，極致資本主義就悄然發生著，而生存方式會在這個過程中朝著激烈博弈、稀少機會方向發展。此時，過多不被有效利用的資源在一頭無限堆積，而在另一頭所剩無幾，大多數人在已經畫地為牢與無路前進的空間裡廝殺著，阻礙了人們真正解決生存與生活問題，參與其中的人，無論得到多少戰利品，都多

少會感到疲憊與空虛。

那麼，我們需要意識到困擾我們的問題與迷局應該被如何解決。除了使生存問題與生活問題解綁、運用人工智能替代人工勞力從而解決生存問題與使生活事業更加便利、將市場結構調節為均衡結構從而避免不良競爭以外，還需要從具體的獲利方式上做出哪些調整呢？便是需要朝著互利共贏、愛人愛己、以人為本、追求價值的方向做出調整。具體便是推崇以人為本的工作機會與互利共贏的商業模式，以避免彼此各方面的虧損。以人為本的工作便是從尋找無法替代的勞工到提供人人可發揮價值的空間。如今，人們的認知與能力普遍已經發展到同一個天花板，彼此容易互相替代，此時尋求不可替代的人才作為勞工已越發不可能，與其大海撈針，不如將每個人都看作資源，而未來多樣的機會正為人們提供著多樣的可能性。而能承載與提供什麼樣的機會，如何梳理與搭建這些業務，如何發揮人才的潛質，正考驗著有頭腦的下一代「企業家」。互利共贏的商業模式又是什麼呢？比如，金融理財師在合適與可控的利益得失中選擇某人並為其理財，在得利的時候扣除報酬，不得利時不收取任何費用，虧損時承擔一定損失，這可以借助於第三方平臺保證其過程的公平性；又如一些公益性的活動與平臺，可以為人們帶來彼此互利的朋友，當有效益產出時，人們以小費等形式支持其長久發展。而無論是否產出如今公認的商業價值，一些活動還會為人們產出心理價值，比如愉悅與充實感，比如自我價值的培養與展現，這會更多地發生在

我們的日常生活中。在我們投入生活事業之餘，我們會參加豐富的活動來獲得活著的意義與幸福感受。這樣的活動如果不能做到共贏，也是難以持續的，這一切雖然難以用金錢衡量，但是總有人才為活動的可持續發展做出努力。當然，會有一些組織大力支持這一活動，甚至是將其與經濟效益的創造聯動在一起，他們會聯合眾人的智慧，促進各種活動成為有效學習與練習的田野，他們會為眾人提供多種多樣的機會，無論我們本身的想法是明確的還是模糊的。我們有需求、興趣主動學習什麼時，就會查到與獲得相應的活動與機會；我們沒有任何具體想法、單純尋求價值感時，就會有各種邀約與機會供我們挑選。而這一切都如遊戲一般，完全尊重人的天性，並鼓勵人們在愉悅與放鬆中獲利。

當然，我們需要注意，這個發展過程對於今天的我們來說並不是一蹴而就的，也不允許我們盲目與衝動行事，如果我們盲目而快速地推動以人為本的經濟行為，我們會因為階段性哄抬與堅持索要過高的人工報酬而使所有機構付不起人工費，也會導致很多憑藉勞力生存的人失業，還會出現產業鏈斷裂，這會直接導致暫時性的經濟崩盤。如果我們將關於生存問題與生活問題的產業運作的保障工作做好了，才可以推動以人為本的經濟行為的發生。如今我們的發展，需要一步步進行，不當的調整會直接帶來混亂與失敗，我們也不需要著急與焦慮，因為人本來就是蘊藏智慧又意志頑強的生物。

第九節
以理服人與以愛關懷的追求

　　人的智慧使人總是能夠找到方法，人也總是能夠從長久的試驗中總結經驗再從零開始，直到尋找到最佳方式。而這一切都是人們提升認知的過程，當大多數人的認知得到提升時，人們會認識到自己的真正訴求，並且認識到使用不當方法使自身付出代價的行為是無謂與慘痛的，那麼，人們便會拋棄一些無謂的慣性行為，而是直接追求真正的訴求，這種真正的訴求便是活著的意義與幸福感受。

　　實際上，狂熱追求物質的人也是為了獲得精神享受，只是物質與精神享受之間的關係並非如此簡單。獲得精神享受是有條件的，一個人真正拋開了各種瑣事，才能認識到精神享受的獲得居然可以不借助於物質。比如，發自真心的愛為他人帶去便利時，自己立刻會得到精神享受，並且它會成為一股力量，可以長久地與自己融為一體。只要我們再次回想，又會進入到這種精神力量所帶來的安寧喜悅中。當然，追求物質也能獲得精神力量，只是若物質的重要性壓過了精神的重要性，那麼人憑藉物質便得不到精神享受，得到的僅僅是稍縱即逝的快感，而快感消失之後，便是長久的空虛。這種空虛的存在正是由於我們缺乏足夠的精神力量，平時不易察覺這種空虛，但是在精神力量與快感的強烈對比

中，我們會倍感快感的弱小與不可持續，從而能夠明顯覺察到一切並充滿失落。

　　不得不承認這一切如某種規律，總是能夠發揮作用，包括如今各種事物的搭建與科學界的探索，都是基於這種普遍生效的規律，同樣的，我們追求不同事物就會得到不同回報。若世間沒有規律，那麼一切都是隨機的，我們也不需要把握任何事物。這些無形的規律會產生各種結果，而某些結果又會成為因製造它的果，於是，複雜事物與環境的規律不容易被人把握與探知，但這並不能因為不易被人把握就推導出它們不存在。而是這一切可以被人逐漸利用，人們若利用規律解決了自身的根本訴求，那麼就達到了人與規律的和解，不然，規律仍然會讓人們自己製造出各種亂象，再讓人自食惡果，最終，自己的生存與生活會受到影響。生活問題在生存問題解決之後就是最重要的，就連富翁也不能用金錢換來精神上的安寧與幸福，也不會因為每時每刻的心情糟糕而對生活滿意。那麼，我們需要重視規律與規律轉化而來的各種事物的生成與發展原理。這不是讓人盲目地聽從別人的說教，有時，說教的內容脫離了真正的規律、說教的動機夾雜著個人的私欲，我們不經辨別地聽從會使自己受傷與迷失，我們需要以獲益為目標，主動鑒別與檢驗這些原理，從而使原理為己所用。實際上，這種規律轉化而來的事物，其生成與發展的原理是固定的，應用這種原理而使產生不良影響的原因消解，就會消滅人類社會的干擾因子，一切便會井然有序，提倡順其自然並不是讓人不作

為，而是讓人以遵循自然的方式妥善解決不良行為與其產生的影響。

若一切處於井然有序中，管理者就不必再盲目地操勞，原理便能管理一切，管理者與被管理者都會在這種智慧的自由中各自滿足著自己真正的訴求。管理者的存在便是調節與解決矛盾的，應該鼓勵其長久存在。如今這些管理者是各國政府領導人、宗教領袖、商業領袖，社會需要他們的力量。

當我們善於利用原理來滿足自我訴求時，我們會越發喜愛精神享受，這類通過無形力量從而給予人強大的救贖、安慰與極致幸福感的事物，它也會在無形之中使人們從小善小愛轉變為大善大愛。當我們都成為了大善大愛的人時，我們便會認知到爭鬥與惡意行為所產生的結果與大善大愛所產生的結果實在是不能相提並論。若越來越多的人在生存問題解決之後拋棄無謂的事物，而投入對有意義事物的追求中，人類家園就會充盈著彼此關愛。每個人不再面臨他人的傷害，也不再為一切擔驚受怕，而這時愛可以管理一切。

「理治」與「愛治」這類無形的管理方式值得被採用，如此一來，人人都可以藉此自發地自我管理。對於國家政府來說，這是輕鬆與高效的，對於每個人來說，這在一開始就能避免問題的發生並能阻止不良態勢的擴大，於是，我們可以快速與可控地消除問題。

第十節
社會形態與社會文化的合一

我們的生存與生活問題看似是源源不斷、紛繁複雜的，卻能夠被我們一一解決。這正是憑藉智慧地解決問題與抑制問題滋生而達到的，而為了使全人類探索出的智慧辦法得到廣泛運用，人人都需要理解與運用這些辦法來使認知有效提升，可以通過探知生活中的問題並智慧地解決它來提升認知。而人聚集在一起，往往會輕易受到其他人的影響，無論是積極的還是消極的，是智慧的還是愚昧的，我們都難以阻擋它們對我們的影響。那麼，我們迫切需要人人都能夠理解與輸出大道的文化，這樣一來，來自他人的影響便不至於將自己拉入深淵與迷局中。當然，除了這樣的需求，我們也需要自己在迷惑與困難中找到正確的方向。自己不願因為做出不利於自我發展與利益的決定付出代價，我們就需要快速瞭解問題的解決之道：若我們在共同的訴求中，逐步發揚智慧的方法與認知，我們就可以避免許多落後的事物為我們帶來的屢次彎路與損失。而不這麼做，我們就總是容易在不經意間無從判斷與不屑判斷問題而深受其不良後果的影響。

當人人都能認真與智慧地面對與解決問題、看到了許多事物之間的聯繫時，我們就可以共同形成一種積極的思潮，這可以有效對抗消極、偏頗、罪惡與落後的事物，而這些無形的事物在不知不覺間就消失在我們的大腦中了，因為我們可以完全操控它們

了。而這樣一種積極文化在形成的同時,積極的社會形態也在逐步完善,我們就會得到來自自身內在與外在的雙重保障,以對抗所有人可能製造的干擾因子。我們的身體本身就具備免疫系統,但是這一系統不足以抵抗如今更多的自我與社會問題,我們需要在思想與社會中也建立免疫系統,這可以使自己強大起來,從而使自己能夠把握更多事物與解決更多問題,而解決問題與抑制問題的終點便是大同,一個無憂無慮的世界。

第五章

共　贏

　　正是由於我們擁有同樣的訴求，我們認可比爭鬥高明的獲利方式，我們看到了合作的可能性，於是，我們能夠自然地團結起來並做出共贏的事來滿足我們的訴求。這會使我們免於內耗，因為我們不再疲於應對層出不窮的各類干擾，我們便會直接省下不少成本，這已經是獲益了。

　　而我們經常聽到的詞語「修煉」，實際就是一種追求共贏的方式，也是一種提升認知的行為，若我們運用不良與不徹底的解決之道來解決問題，我們便解決不了問題，還會使雙方與多方都付出代價。實際上，修煉便是人們以提升認知從而達成共贏的方式使彼此獲益的逐利行為。達成共贏的方式中，存在著更高效的搭配方式，這可以為我們節省不少成本，那麼這種高效的搭配方式是最應被人推崇的。

　　在現實生活中，人們需要共同擁有對於共贏的追求。比如學術上，人們經常因為探索的困難而放慢腳步，尤其是細緻學科之間的研究充滿艱難，如果這時，彼此分割的學者緊密合作與共同研究，那麼將會推動全面視角的搭建，也將能發揮彼此所長而解決掉共同的問題；一個人在做研究時，往往容易忽略日常生活中的啟示，這是由於，人們越發習慣將科研的目的與初衷分離，將

自己的生活與科研分離，而那些歷史上偉大的科學家，基本都將科學探索視作終生真正的追求，用大部分時間投入實驗與反思來提升認知，也經常從日常發生的小事中獲得科研啟發，這其實是偉大的科學家可以調動自己所有接觸的資源與幾乎全部的注意力投入到某個真心追求的事物中，所以才能夠像是團結了許多敏捷而智慧的幫手一樣做出成績，這實際是一種自己與自己的團結與共贏。

那麼，要想取得成果，避免自我身心割裂與推崇人們之間的連通配合就十分必要，而學術的共贏於全人類而言是積極的，因為當智慧的人都團結在一起的時候，人們還會怕什麼呢？

第六章
人的更多價值

　　科研人可以發揮自己的價值，每個人也可以發揮自己的價值。而人活著的終極意義就是發揮自己的價值，我們不必認為這是艱難與迷茫的，因為當我們解決了生存問題、所有人都在探索個人價值如何發揮時，我們每個人都能夠得到發掘自己潛質的充足機會。我見過清潔工展現出繪畫才能，我見過初學者彈奏世界名曲，我見過普通人做出精美作品，人人身邊都充斥著大大小小的發明能夠方便人們的生活，我們沒有給自己嘗試的機會時、生存問題多到不容許我們有其他新的嘗試機會時，我們便看不見自身潛在的多種可能性，更看不見他人的無限可能。而這一切都在隨著各種問題的消解而改變，人們可以找尋到終極意義，整個社會的訴求也會從消費至上與被迫勞動轉變為主動創造價值。

　　如今，我們更多人用消費的方式解決生存問題，但是我們仍然需要在生存問題之外的某些情況中消費，而這種消費更多是一種心理補償。這種心理補償的需求正是來源於我們強制自我勞動時所產生的身心俱疲，這種身心俱疲的缺失感急需我們通過消費的方式來補償。如果我們找尋不到真心熱愛的事物，我們實際就是在獲得金錢的同時製造著急需損耗金錢與時間精力的缺失感。

　　那麼我們需要做出積極改變了，要麼是努力尋找自己真正熱愛的事物，努力瞭解自己並使自身潛質得到發揮，要麼是做對自己長期有價值的事。這一切在開始時，都是一種看不到結果的付出，但是堅持下去，總會為自己找到許多機會，世界上也總有一處風景在等待著自己。

　　獲益，永遠需要控制成本，也需要對價值正向增長的事物付出。於每個人而言，就是做最擅長的事，越早發現獲益越多。當我們找到了這一努力方向並做出成績時，我們不僅再沒有了給做事拖後腿的缺失感，還會得到世界與自我雙重認可下的喜悅。

第三篇

規　律

引 言 ————————————————————

　　瞭解了人類整體的更多價值與促進價值發揮的共贏方式、整個社會形態的發展方向、有效調節自我的方式，我們便會生活得更加順心與滿足，而這一切都是規律在發揮作用，人類的發展正是追求一種對積極結果的可控，這種因為瞭解與利用規律而產生的可控。而瞭解規律並不簡單，規律於人而言是博大而無限的，因為人探知規律的視角往往只能聚焦於一定範圍中的事物，這種視覺的受限就使得人們只能一部分一部分地瞭解規律，而規律卻可以串聯與生成所有的事物。因為人認知的局限性，人們認識規律有一種較為謹慎與客觀的方法，便是研究所有事物在變化中的因果關係，這已經是人們的共識了。因為規律並非僅僅存在於已有科研領域中，相反，科研新方向的啟發來自於生活中蘊藏的規律。日常生活中的所有事物都遵循著因果關係，如果我們想要提升對生活的把控力，就要瞭解生活中各種事物的發展規律，可以從研究緊急與普適的事物開始。

　　而在因果關係的研究中，哪些證據可以表明結論是成熟的或是接近真理的呢？便是在多次試驗中，同樣原因都能得到同樣結果的事實。而我們關於因果的認知需要更加透徹：若某個因導致某個果的同時，總還有另一個因也發揮了作用，那麼這類變化中，因便不是單一的原因，而是多種因的結合，它們都是因，它們在分開和混合後也都是因；而這個過程中的結果若總可以引起

其他的變化，對於其他變化來說，之前的果便是這裡的因；因果可以一直延續下去，但是在不同的變化中，某種因果關係會使人看不清，實際是我們沒有看到多種因果關係在互相影響；因為這種複雜性，判斷因果需要以某一變化為單位，才可以拆解清晰；因引起果的變化規律遍佈一切事物，某一簡單變化的一對因果可以形成一個因果鏈條，眾多變化如同各個因果鏈條相互交織與延續，而世界如今的面貌就是由因果鏈條發展與延伸而來，我們對於規律的認識是需要去瞭解各種事物中的因果鏈條，而有時，許多事物變化的因果鏈條纏繞在了一起，想要瞭解事物演變的根本原因，就要在研究多個簡單變化的因果鏈條的基礎上向前追溯，這些都考驗著人們的認知。但是當某些根本原因總是促使事物變化時，我們就需要瞭解這一重要與底層的原因了，而往往這一根本原因就是暫時無法解決的根本矛盾，它一直在推動事物不斷地發生變化。

　　為了使我們能夠用因果關係解釋清楚現象與改善生活，我們需要整體、具體與深入地理解因果關係，那麼後續內容會按照人理解上從易到難的順序展開說明，詳見本篇第一章（因果）與第二章（人的趨同）。

第一章
因 果

因果規律是一種微觀上不斷發揮作用、宏觀上形成龐大體系的事物，而變化的產生正是由於矛盾的存在與矛盾之間的不平衡。因為世界上的已知事物基本符合某種原因必定導致某種結果的情況，所以規律必然存在，因此我們認為通過把握規律可以把握生活。生活蘊藏規律，規律便值得人們去研究，最好是每個人都能夠以科學的態度探究因果規律，越是能夠把握因果規律的人，也越認可有關它的研究是多麼實際與重要，這可以讓我們自己直接解決掉許多問題，因為問題都是某些原因導致的。而探究因果越熟練，聯繫規律便越輕鬆，我們才能越發輕鬆地解決問題，才能從根本上杜絕重複問題與更多問題的發生。當我們在解決問題方面不再受困後，我們就可以開始利用規律進行技術上的創造了，這可以使我們的生活更加便利。

所有事物都符合規律，便有一種可能的假設：一切都是由同一源頭的根本原因發展至今。在這樣的假設中，一切事物因為本身有著同樣的源頭，於是，它們的關係便是聯繫在一起的，也就是任何事物之間都有關聯。此時，人為的一切割裂行為，比如割裂「科學」與「人文」的關係只存在於某種局限的研究中，從整體上看，這個行為與事實相悖，人這樣做便探知不到真理，那麼為了深入研究與把握規律，人人都需要兼顧與協調「科學」與「人

文」這類看似割裂的事物。但是如果所有事物並非由同一源頭的根本原因演變而來，這一研究方法便需要改變了。那麼我們在不能確定這一切時，就需要兼顧事物發展同源與不同源前提下的研究視角，既需要割裂事物，又需要聯繫事物，但是有一點我們已經默認，便是無論所有事物是否同源，已知某些領域中的事物互相關聯時，做這方面的研究就需要將它們聯繫起來。

除了這點，還有一個問題需要注意。上述的因果鏈條本來是一種研究事物的抽象模型，那麼在研究時，若一再簡化，往往會提高人們的學習門檻，它便更加不易憑藉民智的開啟而得到普及。而真正的研究意義是將有效的結論推向所有人，促進人人理解、應用與受益，因果鏈條的相關理論便需要教者細緻地說明。

這方面在實際生活中的一大應用便是理解經濟變化，人們在理解這些變化時，需要兼顧宏觀與微觀視角，才能夠瞭解複雜因果關係發展而來的體系。而中國古代時期就有人能夠運用這樣的因果鏈條模型分析問題，只是那時人們用陰陽五行的變化模型指代萬事萬物變化的根本規律，而陰陽五行是哲學上的一種表達事物之間轉化與生成的因果關係的方法論，這是古人的發明創造，是否真的可以完全指代相應事物還需要人們繼續探究。但是這一行為給人們的研究方式開了頭，人們如今依然可以憑藉這樣的方式解決生存與生活問題，我們需要持續關注這方面。

第二章
人的趨同

　　要想有所收獲，我們就要對因果關係的方法論與具體情況做出持續研究。而研究的動力往往來自於我們對於現象的不解與想要解決問題的初衷。如今便有一類現象越發明顯，這便是人的趨同。人們如今在思維慣性、心態、能力水平等各個方面，基本都是相似的，比如，某一領域的創業者在沒有相互學習與交流的試驗階段，可以不約而同地擁有同樣的想法。這更多是由於人們擁有某類相同的思維慣性，它與社會文化、自身習慣密切相關。文化使我們總是在某些情況中產生特定反應、在思維慣性中放棄深度思考，那麼我們便容易產生相同的認知。如果某種認知是正確的，那麼這種不費吹灰之力就解決問題的模式是積極的，但是若人們普遍的認知是錯誤的，人們便會面臨問題不斷被滋生的常態。若人們在認知上普遍不夠深刻，結果就是我們會反復遭遇各種問題。人的趨同除了能反映出人類智力相當以外，還能反映出一部分人缺少深度思考的習慣與能力、社會缺少一種可借鑒的積極文化。但是因為人的智力相差無幾，若提供給人們多種多樣的機會，並且給人們創造同樣的條件，那麼人們的能力可以在特定領域達到相似的高水平。

　　也是由於人各方面的趨同，社會中的一個現象越發明顯，便是大多數崗位的可替代性越來越強，勝任某一崗位的人越來越多樣。這就帶來了就業越發不穩定的問題，但這究竟是問題嗎？需要看它是否可以兼顧眾人的利益，如果可以兼顧，這便不是問題，而是新的形態。實際上，無論這是否是一個問題，這樣的現象已經越發普遍了，而在這一現象的初期，問題的代價都是資本家為此買單，後期，便是每個人都有可能為此買單了，那麼我們需要探究更好的辦法，便是將信息與機遇徹底公開，打破各個壁壘，讓趨同的人類面對趨同的環境、社會事務，這便會帶來各個價值創造通道的不再特殊與固化，各個價值便可以相互轉化與輕鬆形成，從而，更多人可以靈活創造價值，高精尖的人才也能流動起來，於是，人們能夠擁有更多用武之地與全新體驗，也能夠促進先進的思想與技術得到普及，這一切又會使人人都有機會參與到複雜事物的搭建，使各方面發展擁有無限的可能。

　　人們可以通過把握底層邏輯，也就是因果鏈條的源頭，來高效解決問題。此時焦慮於事無補，阻擋不了事物的變化，只有解決問題才是值得做的。而把握這些底層規律、解決這些問題，實際是為了使人們逃離不斷遭遇同一問題的循環。如果任由問題爆發而找不到解決之道，我們就會一直面對問題所帶來的後果，甚至會為經常性的某些頑固想法與行為所帶來的問題而苦惱，這是雪上加霜的，問題會在被別人解決之後被自己再次製造出來。我

們此時想逃離一切問題，但並不是閉上眼睛就可以如願，而需要從源頭上將問題徹底解決。

而此時，不同的人在解決問題時會有不同的選擇。有些人因為無法徹底解決問題，努力探究也仍然陷入痛苦的循環中，反而對於積極的探索行為產生排斥；有些人直接放棄探究，強迫自己閉上雙眼，這會導致問題所帶來的結果越發糟糕，還會導致自己丟掉了許多積極行為及其帶來的幸福感，甚至會使自己永遠都無法擺脫這一痛苦的循環；還有些人利用這些規律給別人埋下地雷，期望讓別人為自己曾經的痛苦買單；另有些人歪曲理解規律並且加上自己的「發明創造」，使得新的惡果產生；極少的人可以找到徹底解決問題的辦法，而這種辦法可以帶人逃離痛苦的循環。

不同的人都在為自己的行為買單，解決所有人的痛苦的辦法便是謹慎地形成普適的解決問題的方法，或是將頻繁製造問題的底層邏輯普及從而使人有效避免問題。這一通過規律改善自身的方式實際是一種用規律「打敗」規律的行為，也是一種人和規律的「和解」，將規律推導出來的弊大於利的事物，利用因果規律壓制與解決，可以讓我們逃出自我的無限沉淪與其帶來的痛苦循環。雖然有時正負面事物可以相互轉化，但是這往往是它們通過博弈產生的結果，它們並不都是應該存在的，不應存在的是不斷滋生問題的負面事物。

　　我們每個人完全可以動用自己的意志清除自身的負面意識與行為，從而使自己脫離問題不斷的人生與激烈的思想鬥爭乃至這一切所帶來的痛苦，而獲得長久的安寧與幸福。而這樣的方法適用於每個人，每多一個人清除了自身的負面意識與行為，世界便少了一份負面事物，那麼為己就是為人，利人與利己並不衝突。這一切也終會因為人的趨同而達成共識。

第四篇

幸 福

引 言 ————————————————

當我們通過前三篇所述方法解決了人基本的生存問題、逃出了痛苦的循環、通過發揮自我價值收獲了幸福之後，我們便需要用自己的雙手創造更多幸福，來致敬與撫慰我們的生命，這也是我們的終極追求。

可是真正的幸福是什麼？我們如何做才可以獲得它呢？許多人因為長期無法解決這樣的問題，轉而追求短暫的快感。我們已知，快感反而會帶來空虛，而當一些追逐快感的行為過激時，我們會忽略別人的立場，從而給自己和他人製造更多棘手的問題，這會使自己離幸福越來越遠。正如上文所述，我們認知提升越多，就越會理解人追求幸福的利益遠遠大過追求快感的利益，也越能理解那些隱秘的不良後果的因果鏈條，便更易將問題從源頭掐滅。大量的事件顯示出，製造不幸的不良因子往往會為製造人與承受人帶來雙重損失，若只有某一方控制了不良因子，人們還是會陷入不幸，只有當大多數人真心追逐人生的幸福時，我們才可以團結所有人的力量加速完成我們的目標。

此時，每個人只需要繼續追求自己的幸福，世界上的不良因子便會減少，我們自身的蒙昧所導致的不經意與刻意製造的雙重損失就會減少許多。而追求幸福這件事不能由他人強制自己完成，這會導致衝突與鬥爭發生從而製造解決不完的問題，這與我

們追求幸福的初衷背道而馳。就比如夫妻二人的矛盾，不能由其中一方迫使另一方改變來解決，這反而會造成衝突的擴大。因此，我們必須自己提升自己的認知，自己調節自己的心理，不對他人做出干涉，而且當我們源源不斷為他人提供愛時，一個不差勁的人，也會受到感動而做出回饋。當然，如果遇見的人實在無法相處與共享幸福，我們可以選擇遠離，因為他自己需要提升的內容太多了，我們不必搭上自己的一生，而且單憑自己的力量，也幫不了他。幸福這樣的事物，如同某種獎勵，如耕種行為可以帶來糧食收穫一般，當我們消除了不良因子，並且滿足了產生幸福的前提條件時，我們就可以收穫幸福。

由於人們彼此緊密相連，只要身邊出現了製造不幸的人，自己便處於被動地位而必須忍受或做出捨棄。因此，我們需要形成共同追求幸福的文化，用文化不斷影響著所有人，用愛召喚愛，直到所有人都能夠創造幸福，那麼此時，幸福的產物會遍佈世界，再也沒有人來影響自己的長久幸福了，我們所有人隨時隨地便能體會到幸福的滋味。

那麼我們需要瞭解什麼是真正的幸福、如何能夠創造幸福，以及如何解決生活中的亂象，也就是本篇第一章（創造幸福：真愛的方式）與第二章（感情亂象與愛情本質）的內容。

第一章
創造幸福：真愛的方式

　　當我們已經可以抵禦不幸時，就可以用所有的精力來創造幸福了。那麼幸福是什麼？產生幸福的原因究竟是什麼呢？

　　幸福，是一種極致、長久與深厚的喜悅，它是堅定而穩定的，它不易消散，也不易被消除，它可以充分慰藉我們的靈魂、可以使我們脫離焦慮與憂愁、可以使我們越發嚮往它，所以，經歷過幸福的人會做出積極的行為使幸福感深入到更多人的心裡。

　　產生幸福的是「真愛」，真愛本身會化作一股巨大的力量，直接為人們帶來幸福。真愛又來自於人的智慧、負責、純粹、堅定等品質。當我們可以用智慧判斷對自我最佳的事物是什麼並巧妙獲取它時、當我們保持對自己與他人負責的態度做出決定時、當我們依照內心深處的聲音前行時、當我們為理想不懼困難與堅守初心時，我們便處於真愛的狀態了。此時，真愛在人的心靈深處催發出強大的力量，讓人們可以戰勝一切困難，處於真愛狀態的人做出的每一個行為也都自然飽含著愛意。而對於還不理解真愛的人來說，這些還是抽象的，可以通過模仿真愛的行為從而獲取到它的力量來理解它。一旦瞭解自己或他人在真愛中的行為，這一切便不再抽象。

那麼，真愛中的人具體會做什麼呢？即真愛的方式是什麼呢？便是擁有愛著一切的心理，拋棄一切心機，同時擁有智慧可以拆解他人的算計，帶著堅定而銳利的目光審視一切，認定符合正道的行為才可以持續，確定心之所向並為之努力，在各種磨煉中不斷提高自己的各種能力，為自己找尋豐富的鍛煉機會，不畏懼一切挑戰，反而使它們成就自己，然後創造出不愧於生命的真正價值，而且一直保持這種狀態，以此迎接一切。

要做如此多的努力才能獲得幸福嗎？不是的。在真愛狀態中的人每時每刻都是幸福的，假如世界末日突然來臨，處於真愛狀態的人也會感到人生無憾。這一切只有人們實操了才能有所體會，不然還是空洞的。

那麼我們需要瞭解處於真愛狀態的人處理具體問題是什麼樣的，這裡便以愛情為例展開探討。在愛情中處於真愛狀態的人，會捨棄小情小愛與其帶來的短暫快感，終生尋找真正的愛人並投入真愛，具體便是認出特定對象的特質，愛護他、認定他並為他捨棄他人，願意為他保持世間獨一無二的忠貞。但是人們關於愛人畫像總是捉摸不清，實際上，真正的愛人，便是與自己契合且值得愛的人，而不是要求一個人擁有怎樣的外表與錢財，這會造成許多不必要的問題與痛苦，因為人們熱愛美麗外表與財富地位也是為了追求一種生活上的舒適與愉快。而往往，這樣的人在和我們的日常相處中會帶來不愉快，甚至會帶來無盡的痛苦，我們

無法改變就要忍受，漸漸地，我們才會明白這些要求是沒有必要的。

所以我們關於愛人畫像的確立，並不是要真的構思他的模樣，而是要以自己的情況為出發點，尋找如下特質：一個能夠激發自己生命力的、與自己各方面相近尤其是觀念上互相理解的、會愛的、值得愛的人。如果我們沒有找對人，找到的只是滿足自己淺層需求的人或騙子，那麼彼此的感情便會隨著需求的滿足與不再需要讓對方滿足而消失，那麼，找到能夠激發自己生命力也就是產生靈魂共振的人便是最重要的。具備特質中前兩點的人會彼此理解，也只有彼此理解才能彼此珍惜。而特質中的後兩點不是每個人都具備的，比如，大多數剛出生的孩子就不具備。人需要成長為全面而智慧的模樣，他自己便可以處理一切問題，也能接得住一切美好。如果稚嫩的人進入愛情，就算他遇到了完美愛人，他自己也會破壞一切。可是，我們何必要成為破壞一切的人呢？

當我們在猶豫不決、急功近利的非真愛狀態時，我們可以參與各種玩樂，但是緊接著就會遭遇自身的空虛與其他問題。我們認為處於真愛的自己會丟失許多利益，也認為真愛中的行為十分疲累，實際是不在真愛中的人，會越發麻木、痛苦與疲累，而且得不到真愛立刻為我們帶來的極致、長久的快樂，也達不到使自身坦坦蕩蕩、一身正氣的能夠解決任何問題的最佳狀態。當我們

在真愛狀態時，在愛情問題上，就算找不到愛人，我們也會感到幸福，而找到了愛人，我們會擁有更多體會幸福的契機。彼此真愛的人在一起，可以創造孩子，也可以創造無盡的幸福。

接下來我們需要關注，真愛中的人如何才能創造家庭幸福。同樣的，真愛狀態的人會真心地為家人付出，沒有任何算計，用純粹的關懷之愛回報同樣對我們無私奉獻的家人。實際上，大多數人通過家人可以感受到世間最美好的感情，這是一種無條件的相信與支持，我們不用保持警惕，彼此會純粹地給予對方源源不斷的愛意，而這種美好的關係不應局限於家人之間。

是拋棄真愛的人擾亂了一切。人們帶著蒙昧為自己和他人不斷製造著問題，並長久地為此買單。而我們可以對初步判斷為值得的人投入真愛，如果遇到了被辜負的情況，我們需要乾脆而無憾地離開。若我們不再懼怕不真愛的人所帶來的傷害，我們就會擁有更多愛的力量對更多人付出。無形之間，自己在真愛中會收獲到他人愛的回饋，而我們不再需要盤算這份回饋是什麼物質利益，而是直接享有這份精神上的幸福感。如果一些人出於某些原因需要改造非真愛狀態的人，那麼需要做好充足的心理準備，便是無限寬容他的同時，還要及時消解他為自身帶來的一切負面情緒與心理影響，更要找到最佳時機帶他體會真愛的感覺。

幸福是人們的終極追求，如果一些人還沒有開始追求，他實際已經損失很多了。

第二章
感情亂象與愛情本質

目前，許多人在感情問題中痛苦，並且損失了太多。他們不斷製造著感情的亂象，還要咒罵愛情、拋棄愛情。他們或許並不知道，自己咒罵的根本就不是愛情，相反是不愛狀態中的對方或自己，他們拋棄的就不是愛情，而是一個本可以擁有幸福的自己。

人們越是遠離真愛，越會陷入感情亂象所帶來的痛苦，若不改變，一輩子都會因為參與制造感情亂象而痛苦。感情亂象並非真的與愛情有關，而是人們在追求愛情時的不愛狀態與行為，比如，不真愛人的分分合合、不真愛人的互相報復、不真愛人的互相利用、不真愛人的強迫佔有、不真愛人的湊合妥協。這些都反映著人們彼此沒有認定對方是唯一、沒有選擇對的人、不夠瞭解自己與對方、不認為真愛更有利、心思複雜到不認為付出真愛是一件簡單的事。資本主義下人的浮躁，會使人的頭腦充滿各類欲念，而這些欲念阻礙了真愛的自然發生。要麼，人們急功近利地獲取主導權、操控權、身體上的快樂、名利地位，在一方壓制或互相索取中品嘗畸形而虛弱的快感，有時還會為不達目的而報復對方；要麼，人們在各種利益得失的盤算中猶豫不決、搖擺不定，遲遲不能開始一段真正的愛情。但人們都會為自己的所思所想買單，拋棄與遠離真愛的人最後得到的就是短暫的快感與虛無的利益，而不是長久的幸福。

　　如果人們想要做出改變，就需要學會真愛的方式，學會真愛的前提就是具有智慧、負責、純粹、堅定等優秀品質，並且對值得的人不計較得失地付出愛。人們往往認為這就是困難所在，卻沒有看到小時候的自己就具備這些品質，只是後天選擇了其他。人出生帶著一切特質，善與惡也存在於每個人的心裡，而人們後天的無數選擇使自己成長為不同模樣，每個抉擇期，無論是選擇善還是惡，都會加固這方面的自己。而惡與蒙昧都會製造不良因子，惡與蒙昧也就是干擾因子的種子，我們已經可以理解它會為自身帶來內與外的雙重損失。而內心充斥惡與蒙昧的人對於自己的處境無法看清，甚至不認為自己會製造問題，那麼，我們需要反思過往，充分認知這一切，並且帶著包含善與智慧的愛面對每次的迷局，儘量將自己調節為接近真愛的狀態，這時我們仍然會面臨許多困難，但是，我們需要帶著強烈信念付出真愛，一旦我們清除了疑問與自己的猶豫不決，我們便處於真愛的狀態中了，我們立刻就能體會到自己處於真愛狀態中的幸福感。

　　而感情中的許多人都缺乏這種信念，於是，很少有人處於真愛狀態中，而感情容易破碎就在於它需要兩個人的共同維護，一個人不相信與不付出愛、放棄或背叛感情，就會導致感情破碎，只有兩個人都為愛而努力，感情才有可能發展為愛情，愛情才有不被破壞的可能。

　　愛情走到婚姻乃至永遠，都是不易的。歸根結底，人需要憑藉信念使自身處於真愛狀態，而這時真愛成為了一種信仰。這種

信仰不會使人感到身心的束縛，感到束縛與壓抑的人其實本身沒有這種信仰，身處這種信仰中的人感受到的是真愛中的幸福與未來也一定會幸福的信心。真愛是人類在長期發展中親自培育出的珍貴事物，會給人帶來幸福。背離與躲避它的人，會經受不住愛的短暫考驗，在非真愛關係中算計彼此，並為此遭受著無盡的痛苦與空虛。我們如果厭惡了這些體驗，就需要找到真愛、學會真愛，而它會為我們帶來終極幸福。

藍　圖

　　我們提高了認知，擁有了普遍相同而智慧的認知，就能夠用大同的意識意識到大同社會如何運作。我們就可以大膽將自己調節為真愛狀態、將環境建設為利於眾人的狀態，此時，世界大同便實現了。

　　當我們進入了這個曾經多少人用生命追求的大同社會時，我們會看到這裡的生活再也沒有勞苦與憂慮，也沒有蕭條與怠惰。父母再也不用擔心孩子的前途，並且不用為了生計忍耐一切。孩子沒有繁重任務，反而可以盡情玩樂與持續創作。成人從孩子走來，已經能夠從各種實踐中找到自己的價值，他們會創造價值、繼續深造。人們敢於追求真愛的一切。家人與愛人能夠擁有更多的時間彼此陪伴，不用花費大量的時間與精力奔波於無謂的事務中。人們的身體得到了充分的休息與養護，人們愛惜自己身體也愛惜一切所得。人們可以自由安排每一天，每天一眨眼就可以投入到各種愛好的活動中，這時，到處充滿著豐富與成熟的機會供人們發揮價值與感知快樂。人們彼此之間沒有爭鬥算計與拐彎抹角，而是真心與直接地彼此關愛與支持，矛盾不再被催生，人們可以遠離外界所製造的痛苦，也可以消除自身的各種困惑與邪惡。餓了就可以通過便利的服務或勞動得到食物，任何基本生存

需求都可以得到滿足。人人擁有了智慧，意識到了片面的事物及它們的危害，每個人的內心充滿了陽光，不再把亂象當作不會被消滅的正常事物。人們能夠靜下心來觀察世界，體會萬物的細微之處，回歸聖潔的心境，擁有寧靜的心流。人們不再沉迷於單一的事物，而是熱愛一切美好的事物。人們徹底進入了價值社會，這裡重視每個人的生命與生命感受，這裡是愛的家園，這裡推崇人的才智力量，一切都以發揮人的價值與使人獲得幸福為中心。這裡資料共享、智慧共享、福利共享、機會共享、成果共享，人們自發勞動創造生活，人的才智在哪裡，人就去哪裡創造價值，並且在這個過程中可以得到機器協助。大同社會僅剩的不同便是人的不同：人特質的不同、人創造的不同。彼此不同的人卻同樣感受到了愛與幸福。

對如今的我們來說，路要一步步地走，當我們逐漸明確了發展的方向並願意為之努力時，我們離實現意識大同與世界大同就不遠了。

後　記

活著是為了什麼？
每一個鮮活的生命，
都有期限，
如果人能永生，
應當如何生活？
能否如願？

一個人的力量弱小，
也不會永遠穩固，
因為，人未擺脫紛爭，
有矛盾的地方就有動蕩。
每個人的生命終將結束，
卻不曾做出改變，
於是，世世代代的人，
也沒能享有安穩。

它聽起來簡單，
卻難以實現。
但是，向善與奉獻，
藏在人的心靈深處，

捂住眼睛，
便看不到一切，
也不相信光明，
那麼人在現實中，
便沒有希望。

而丟掉一切束縛，
會獲得滿足，
是由內而外的滿足。
是時候開拓新生活了，
需要放下不必要的一切，
惡念欲念與執念妄念，
需要發自內心感受自己。

是否感受到了人格的魅力？
是否體會到了靈魂的溫度？
是否活得暢快？
是否活出了自己？

人擁有一切可能，
也具備一切品質，
人能夠成長，
是大自然的最佳禮物。

意識大同

作　　者： 湯豐瑜

校　　對： 青森文化編輯組

封面設計： Mavis Chan

內頁設計： Dorotheus Lam

出　　版： 紅出版（青森文化）

地　　址： 香港灣仔道 133 號卓凌中心 11 樓

出版計劃查詢電話：(852) 2540 7517

電郵：editor@red-publish.com

網址：http://www.red-publish.com

香港總經銷： 聯合新零售（香港）有限公司

台灣總經銷： 貿騰發賣股份有限公司

地址：新北市中和區立德街 136 號 6 樓

(886) 2-8227-5988

http://www.namode.com

出版日期： 2024 年 4 月

圖書分類： 生活哲學／個人成長

I S B N： 978-988-8868-44-5

定　　價： 港幣 98 元正／新台幣 390 圓正